MIT MONTESSORI SPIELERISCH DIE WELT ENTDECKEN

MIT MONTESSORI SPIELERISCH DIE WELT ENTDECKEN

WÖRTER UND ZAHLEN

MAJA PITAMIC

mvgverlag

Bibliografische Information der Deutschen Nationalbibliothek
Die Deutsche Nationalbibliothek verzeichnet diese Publikation in der Deutschen Nationalbibliografie. Detaillierte bibliografische Daten sind im Internet über https://dnb.de abrufbar.

Für Fragen und Anregungen
info@mvg-verlag.de

1. Auflage 2023

Türkenstraße 89
80799 München
Tel.: 089 651285-0
Fax: 089 652096

Die englische Originalausgabe erschien 2019 bei Elwin Street Productions Limited unter dem Titel *The Montessori Book of Words and Numbers*. © 2019 by Elwin Street Productions Limited. Conceived and produced by: Elwin Street Productions, 10 Elwin Street, London, E2 7BU, UK.

Wichtige Hinweise
Ausschließlich zum Zweck der besseren Lesbarkeit wurde auf eine genderspezifische Schreibweise sowie eine Mehrfachbezeichnung verzichtet. Alle personenbezogenen Bezeichnungen sind somit geschlechtsneutral zu verstehen.

Übersetzung: Gisela Fichtl
Redaktion: Petra Holzmann
Umschlaggestaltung: Monika Tomaszewska, dem Original nachempfunden
Umschlagabbildung und Illustrationen Innenteil: Isabel Alberdi
Design: Louise Leffler
Satz: inpunkt[w]o, Haiger (www.inpunktwo.de)
Printed in Dubai

ISBN Print 978-3-7474-0518-5
ISBN E-Book (PDF) 978-3-96121-934-6
ISBN E-Book (EPUB, Mobi) 978-3-96121-935-3

Wir produzieren nachhaltig
www.m-vg.de

S. 5 Shutterstock by Monkey Business images; S. 6 Shutterstock by Kdonmuang; S. 7 Shutterstock by Liderina; S. 7 Alamy by moodboard / Alamy Stock Photo; S. 8 Shutterstock by wavebreakmedia; S. 11 Shutterstock by wavebreakmedia; S. 14, 39 Getty Images by Sydney Bourne; S. 14 Shutterstock by Rawpixel.com; S. 14, 47 Getty Images by Andersen Ross Photography Inc; S. 27 Shutterstock by Phish Photography; S. 41 Keith Waterton; S. 45 Shutterstock by Monkey Business Images; S. 53 Shutterstock by iordani; S. 55 Shutterstock by Joaquin Corbalan P; S. 61 Alamy by MNStudio / Alamy Stock Photo; S. 73 Shutterstock by Monkey Business Images; S. 79 Shutterstock by Liderina; S. 87 Getty Images by Jose Luis Pelaez Inc; S. 88 Shutterstock by Dragon Images; S. 88, 92 Keith Waterton; S. 88, 101 Shutterstock by Kdonmuang; S. 91 Alamy by 2light/ Alamy Stock Photo; S. 111 Getty Images by Hero Images; S. 123 Shutterstock by MNStudio; S. 127 Shutterstock by Joaquin Corbalan P; S. 149 Shutterstock by riekephotos; S. 159 Ellie Smith; S. 165 Alamy by IZA STOC K / Alamy Stock Photo

INHALT

1: Sprachspiele

2: Spaß mit Zahlen

ÜBER MONTESSORI

Maria Montessori kam 1870 in Rom zur Welt und promovierte als eine der ersten Frauen an der Universität Rom in Medizin. 1907 öffnete unter ihrer Leitung die erste Casa dei Bambini, eine Tagesstätte für Kinder aus sozial schwachen Familien. Hier entwickelte Montessori ihre berühmt gewordene Lehrmethode. Das vielleicht Revolutionärste an Montessoris Konzept war die große Bedeutung, die sie der Umgebung zuschrieb, in der Kinder lernen. Sie erkannte, dass Kinder ein kindgerechtes Umfeld brauchen, um sich entfalten und Selbstwertgefühl entwickeln zu können.

Montessori selbst betonte stets, sie habe keine Lehrmethode entwickelt, ihr Konzept sei vielmehr durch die genaue Beobachtung der Kinder entstanden. Ihre Prinzipien orientieren sich an den Bedürfnissen des Kindes – seinem Bedürfnis nach Selbstständigkeit, nach Spaß beim Lernen, nach Ordnung, dem Bedürfnis, respektiert und gehört zu werden und die Wirklichkeit ebenso zu erforschen wie die Fiktion. Diese Bedürfnisse sind heute so aktuell wie 1909, als sie zum ersten Mal beobachtet wurden.

SO BENUTZEN SIE DIESES BUCH

Dieses Buch beruht auf dem Prinzip »Lernen durch Erfahren«, das zu den Grundsätzen der Montessori-Pädagogik zählt – doch keine Sorge, Sie müssen sich zu Hause keinen Montessori-Raum einrichten. Sie müssen auch nicht fürchten, dass Ihnen das pädagogische Wissen fehlt. Die Übungen sind schnell vorbereitet, und benötigen nur Alltagsmaterialien.

Auf der gegenüberliegenden Seite ist genau beschrieben, wie Sie vorgehen sollten, wenn Sie Ihrem Kind eine Übung vorstellen.

EIN HINWEIS ZU SCHEREN IN KINDERHÄNDEN

Ehe Ihr Kind schneiden lernt, muss es den sicheren Umgang mit Scheren lernen. Erklären Sie ihm, dass es die Faust um die geschlossenen Klingen legen muss, wenn es eine Schere trägt. Machen Sie ihm vor, wie man eine Schere mit dem Griff zuerst an andere weiterreicht.

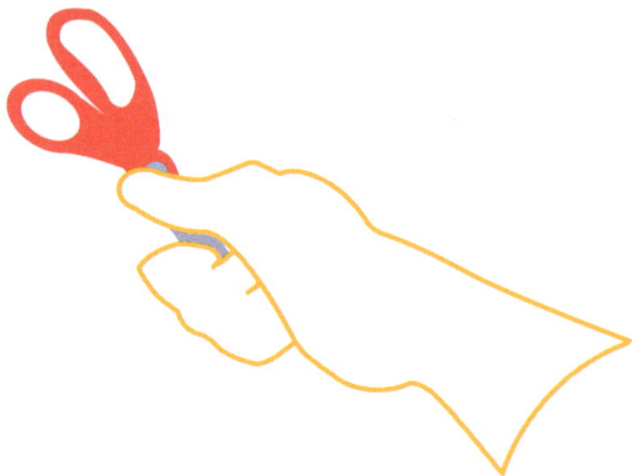

- Alle Übungen und Spiele sind für Jungen und Mädchen gleichermaßen geeignet.
- Wählen Sie einen geeigneten Ort, an dem Sie die Übungen mit Ihrem Kind in Ruhe und ungefährdet durchführen können.
- Achten Sie darauf, dass Ihr Kind gut sehen kann, was Sie vormachen. Sitzen Sie immer rechts von Ihrem Kind (oder links, wenn es linkshändig ist).
- Versuchen Sie, immer mit der rechten Hand zu arbeiten (oder mit der linken, wenn Ihr Kind linkshändig ist).
- Bei vielen Übungen wird ein Tablett als Arbeitsfläche benutzt. Wählen Sie ein Tablett ohne Muster, um Ablenkung zu vermeiden.
- Bereiten Sie die Übungen vor. So vermeiden Sie, dass Sie Ihrem Kind ein Spiel vorschlagen, zu dem dann das nötige Material fehlt.
- Gehen Sie strukturiert vor, wenn Sie die Übung vorstellen. Wenn Sie die Materialien ordentlich bereitlegen, wird auch Ihr Kind einen Sinn für Ordnung entwickeln.
- Lassen Sie, wenn möglich, Ihr Kind die Materialien zur Arbeitsfläche bringen und nach Abschluss der Übung wieder wegräumen. Dieser feste Ablauf trägt dazu bei, dass sich Ihr Kind auf das Projekt konzentriert.
- Lesen Sie vor dem Üben mit Ihrem Kind immer erst die komplette Beschreibung der jeweiligen Übung und machen Sie sich das Ziel dieser Übung klar.
- Unterbrechen Sie Ihr Kind nicht bei der Arbeit. Lernen Sie, sich zurückzunehmen.
- Vermeiden Sie negative Kommentare. Wenn Ihr Kind eine Übung nicht richtig ausführen kann, nehmen Sie sich vor, sie später erneut auszuprobieren.
- Wenn Ihr Kind sehr in eine Beschäftigung vertieft ist und sie dann noch einmal machen möchte, erlauben Sie das, und zwar so oft, wie Ihr Kind möchte. Kinder lernen durch Wiederholung.
- Wenn möglich, richten Sie Ihrem Kind einen Arbeitsplatz ein. Bewahren Sie die Materialien nach dem Spiel an einem sicheren Ort auf und werfen Sie sie nicht weg, damit Ihr Kind sich erneut damit befassen kann, wenn es möchte.
- Wenn Ihr Kind mit den Materialien Unsinn macht, brechen Sie das Spiel sofort ab. So versteht das Kind, dass sein Verhalten nicht akzeptabel ist. Sie können das Spiel später noch einmal anbieten.
- Denken Sie immer daran, dass Sie Vorbild sind und Ihr Kind Ihr Verhalten imitieren wird.

HÄUFIGE FRAGEN

Wie alt sollte mein Kind für die Übungen sein?

Ich habe ganz bewusst auf Altersangaben verzichtet, da Eltern sich schnell Gedanken machen, wenn ihr Kind eine Übung ablehnt. Das sollten sie aber nicht. Jedes Kind ist ein Individuum mit eigenen Stärken und Schwächen, und nur die wenigsten Kinder beherrschen alle Lernbereiche gleich gut. In Montessori-Kindergärten beschäftigen sich Kinder in den ersten Jahren hauptsächlich mit den Übungen in Kapitel 1 und 2, die eine gute Basis für die übrigen Spiele bilden.

Für Kinder zwischen 4 und 5 Jahren ist es ratsam, verschiedene Übungen aus allen Kapiteln auszuwählen. Falls Ihr Kind jedoch besonderes Interesse an einem bestimmten Thema hat, zum Beispiel Mathematik, können Sie Übungen aus dem Zahlenbereich in den Vordergrund stellen.

Muss ich die Reihenfolge der Spiele einhalten?

Die vorgegebene Reihenfolge der Kapitel sollten Sie beachten, da sie der natürlichen Entwicklung entspricht. Es spricht aber nichts dagegen, ein Spiel einmal auszuprobieren und später erneut aufzugreifen. Wenn Ihr Kind eine Fähigkeit bereits gut beherrscht, können Sie auch eine fortgeschrittenere Übung anbieten. Allerdings schadet es auch nicht, etwas zu üben, was Ihr Kind schon kann, denn das fördert oft das Selbstvertrauen.

Manche Spiele haben unterschiedliche Schwierigkeitsstufen — wann kann mein Kind zur nächsten Stufe übergehen?

In den Kästen mit der Überschrift »Lust auf mehr?« finden Sie weiterführende Übungen. Wenn Ihr Kind ein Spiel beherrscht und sicher selbst durchführen kann, können Sie diese nächste Spielversion anbieten.

Was ist, wenn mein Kind das Spiel nicht richtig versteht?

Wenn Sie merken, dass Ihr Kind ein Spiel nicht richtig versteht, ist es damit vermutlich überfordert. Überlegen Sie dann auch, ob Sie die Übung langsam und deutlich genug erläutert haben und ob Ihnen selbst richtig klar ist, welches Ziel hinter der Übung steckt.

Welche Tageszeit ist für die Übungen am besten geeignet?

Kinder sind genau wie Erwachsene im Tagesverlauf unterschiedlich aufnahmefähig. Bei den meisten Kindern ist die Aufnahmefähigkeit vormittags am größten, deshalb empfiehlt sich diese Tageszeit für anspruchsvolle Übungen. Andere Spiele können Sie auch später anbieten, am besten jedoch nicht zu spät am Nachmittag.

Was kann ich tun, wenn mein Kind nicht auf ein Spiel anspringt?

Wenn Ihr Kind an einem Spiel kein Interesse zeigt, machen Sie sich keine Sorgen und reagieren Sie nicht verärgert, sondern räumen Sie die Materialien dazu einfach weg. Überlegen Sie für sich: Haben Sie das Spiel ansprechend präsentiert? War es die richtige Tageszeit? Haben Sie verstanden, worum es bei der Übung geht, und wusste Ihr Kind, was es tun sollte? Überlegen Sie, ob Ihr Kind für das Spiel bereit war.

Wie benutze ich die Arbeitsblätter?

Die Arbeitsblätter hinten im Buch dienen als Kopiervorlage. Vergrößern Sie sie so, dass sie eine DIN-A3-Seite komplett ausfüllen. So hat Ihr Kind auf dem Arbeitsblatt genug Platz, und Sie können bei Bedarf neue Kopien erstellen.

1

SPRACHSPIELE

Kinder haben einen anderen Zugang zur Sprache als Erwachsene. Hat Ihr Kind Freude an etwas, wird es neue Wörter geradezu »aufsaugen«: Das geschieht ganz spielerisch. Es gibt kein Patentrezept, um das Interesse Ihres Kindes an der Sprache zu wecken. Vielleicht verlocken Geschichten, Gedichte oder Lieder zu einem Interesse oder neue Erkenntnisse über ein Lieblingsthema.

Die Übungen in diesem Kapitel sollen Ihrem Kind die Liebe zu Wörtern, zur Sprache und zu Büchern vermitteln, und wenn das gelingt, folgt das Lesen ganz von selbst.

Ein Hinweis: Nennen Sie in dieser Phase grundsätzlich nur die Laute, nicht die Namen der Buchstaben, also zum Beispiel nicht »be«, sondern »b«, nicht »jot«, sondern »j«.

1

FARBWÖRTER LERNEN

Kinder sind wahnsinnig fasziniert von Farben. Farben spielen auch eine zentrale Rolle dabei, dass Kinder ein Verständnis für die sie umgebende Welt entwickeln. Es ist sinnvoll, Kindern die Namen der Farben so bald wie möglich beizubringen.
Mit dieser Übung können Sie die Namen von Primär- und Sekundärfarben wunderbar einführen und ganz konkret und praktisch zeigen, wie durch das Mischen von Primärfarben Sekundärfarben entstehen.

Das wird gebraucht

- **Farbtöpfchen Gelb**
- **Farbtöpfchen Rot**
- **Farbtöpfchen Blau**
- **3 wiederverschließbare Plastikbeutel**
- **Tablett**

Los geht's

1. Stellen Sie die Farben mit den Beuteln auf das Tablett.
2. Bitten Sie Ihr Kind, das Tablett zum Arbeitsbereich zu tragen.
3. Erklären Sie Ihrem Kind, dass es das Mischen von Farben ausprobieren darf und dass eine neue Farbe entsteht, wenn es Farben mischt. Im ersten Fall Gelb und Blau.
4. Bitten Sie Ihr Kind, einen Plastikbeutel offen zu halten, und geben Sie etwas gelbe Farbe hinein.

5 Nehmen Sie den Beutel Ihrem Kind ab und bitten Sie es, die blaue Farbe zu nehmen und etwas davon in den Beutel zu geben.

6 Verschließen Sie den Beutel gut und erlauben Sie Ihrem Kind, die Farben zu mischen, indem es so mit den Händen über den Beutel streicht, dass sich Gelb und Blau zu Grün vermischen.

7 Wiederholen Sie diese Schritte für die anderen Sekundärfarben. Aus Blau und Rot wird Lila, aus Gelb und Rot wird Orange.

Lust auf mehr?

Gehen Sie auf die Jagd nach Farben. Schreiben Sie die Namen der Primärfarben getrennt auf je 1 langen Streifen Papier. Helfen Sie Ihrem Kind, den Namen zu lesen (beginnen Sie mit Rot). Dann soll es etwas Rotes im Raum finden und den Namen dort anbringen. Wenn Ihr Kind die Primärfarben beherrscht, gehen Sie zu den Sekundärfarben über.

Als weiteren Schritt können Sie die Farben des Regenbogens einführen.

Mischen Sie die Farben Gelb und Blau im Verhältnis 2:1.

Wenn Sie keine Farbtöpfchen zur Hand haben, können Sie auch Farbpulver mit Maismehl und Wasser mischen.

2

DAS KLATSCHSPIEL

Für dieses lustige Spiel brauchen Sie keine Materialien, nur Hände. Sie können es mit einem oder vielen Kindern spielen. Die Kinder entwickeln bei diesem Spiel unbewusst ein Gespür für den Rhythmus und die Struktur der Sprache.

Los geht's

1. Setzen Sie sich Ihrem Kind gegenüber oder setzen Sie sich mit mehreren Kindern in einen Kreis.
2. Sprechen Sie den Namen des Kindes (oder eines der Kinder, falls Sie mit mehreren spielen) laut aus und klatschen Sie die Silben mit. Bei mehreren Kindern klatschen Sie alle Namen auf diese Weise.
3. Klatschen Sie nun die Namen aus der Familie und von befreundeten Kindern.

Statt der Hände können Sie auch selbst gebaute Instrumente nutzen, wie Holzkochlöffel mit Töpfen oder Pfannen.

Lust auf mehr?

Probieren Sie Wörter aus anderen Kontexten, die Ihrem Kind vertraut sind. Klatschen Sie zum Beispiel seine Lieblingstiere oder -speisen.

3

GRÖSSEN UND FORMEN LERNEN

Das Bauen eines Turms ist für Kinder meist eine einfache Aufgabe. Mit ihr wird gleichzeitig das Sortieren und Einschätzen von Größen und Formen geübt. Zusätzlich begreift Ihr Kind, wenn es die Bauklötze hochhebt und trägt, dass der größte Klotz auch der schwerste ist. Diese Übung vermittelt also die Begriffe »das Größte«, »das Kleinste«, »größer« und »kleiner« und ihre Bedeutung.

Zeigen Sie Ihrem Kind, dass man immer nur 1 Klotz tragen sollte. Größere Klötze sollte es mit einer Hand unten und der anderen oben tragen.

Das wird gebraucht

- **10 Bauklötze unterschiedlicher Größe (Idealerweise sind 2 oder 3 Bauklötze so groß, dass das Kind sie mit beiden Händen tragen muss.)**

Los geht's

1 Bitten Sie Ihr Kind, Ihnen dabei zu helfen, die Bauklötze zum Arbeitsbereich zu bringen.

2 Setzen Sie sich so, dass Ihr Kind die Bauklötze gut sieht.

3 Kündigen Sie an, einen Turm bauen zu wollen. Nehmen Sie den größten Klotz und platzieren Sie ihn vor sich in der Mitte, dann bauen Sie langsam den kompletten Turm.

4 Sagen Sie, dass Sie den Turm wieder abbauen, damit Ihr Kind ihn dann selbst aufbauen kann. Nehmen Sie einen Klotz nach dem anderen ab und legen Sie die Klötze rechts von Ihrem Kind ab. Ermuntern Sie es, nun selbst den Turm zu bauen.

Lust auf mehr?

Bauen Sie den Turm noch einmal, diesmal setzen Sie die Klötze nicht mittig aufeinander, sondern so, dass sie alle an einer Ecke übereinanderstehen.

Bauen Sie von links nach rechts, vom kleinsten zum größten Klotz, eine horizontale Treppe.

4

ROLLENSPIELE MIT GESCHICHTENHANDSCHUHEN

Rollenspiele zu nutzen, um eine Geschichte zu erzählen, ist wahrscheinlich die beste Methode, um in Kindern ein Verständnis zu entwickeln, wie Geschichten konstruiert sind. Bei dieser Übung wird ein Paar Handschuhe zum Erzählwerkzeug, das Sie für alle Lieblingsgeschichten Ihres Kindes einsetzen können.

Das wird gebraucht

- **Arbeitsblatt 6 mit den Figuren aus »Goldlöckchen und die drei Bären« (siehe S. 176)**
- **Klebestift**
- **1 Blatt DIN-A4-Karton**
- **Bleistift**
- **Bunt- oder Filzstifte**
- **Schere**
- **selbstklebende Klettpunkte (z. B. Velcro stick-on dots)**
- **1 Paar Kinderhandschuhe (Verwenden Sie ein altes Paar, das noch passt.)**
- **Tablett (optional)**

Los geht's

1. Kopieren Sie das Arbeitsblatt und kleben Sie es auf den Karton.
2. Legen Sie den Karton neben die anderen Hilfsmittel auf den Tisch.
3. Bitten Sie Ihr Kind, mit Ihnen Geschichtenhandschuhe zu basteln.
4. Lassen Sie es die Figuren ausmalen.
5. Schneiden Sie die Figuren vorsichtig aus.

6 Kleben Sie die Klettpunkte auf die Handschuhe und die Rückseite der Figuren. Ihre Geschichtenhandschuhe sind nun einsatzbereit.

7 Spielen Sie mit den Figuren auf den Handschuhen – wie mit Marionetten – eine Geschichte.

Lust auf mehr?

Die Handschuhe können für viele andere Geschichten verwendet werden, beispielsweise für »Die drei kleinen Schweinchen« oder »Rotkäppchen«.

Gestalten Sie selbst Figuren aus der Lieblingsgeschichte Ihres Kindes.

Zeigen Sie, wie man im Grobschnitt großzügig um die Figur herum schneidet. Zum Schneiden genau an den Rändern entlang ist sicher Hilfe nötig.

5

ICH KAUFE EIN UND LEGE ... IN DEN KORB

Sie kennen vielleicht aus Ihrer Kindheit noch das Spiel, bei dem man beim Kofferpacken für eine fiktive Reise eine immer längere Liste von Gegenständen im Kopf behalten muss. Dies ist eine einfachere Variante für kleinere Kinder. Man spielt sie am besten mit 2 oder mehr Kindern.

Das wird gebraucht

- **eine Auswahl kindgerechter Gegenstände (für jedes Kind einen, den es in den Korb legen kann)**
- **1 mittelgroßer Korb**
- **1 Tuch, das groß genug ist, um den Korb zu bedecken**

Los geht's

1. Bitten Sie Ihr Kind, den Korb zu nehmen, während Sie die anderen Gegenstände zum Tisch bringen.
2. Bei mehreren Kindern: Bitten Sie die Kinder, sich in einen Kreis zu setzen.
3. Kündigen Sie ein Spiel an, das heißt: »Ich kaufe ein und lege ... in den Korb.«
4. Legen Sie die Gegenstände in die Mitte.
5. Geben Sie dem (jüngsten) Kind den Korb.

6 Lassen Sie es 1 Gegenstand auswählen.

7 Wenn das Kind den Gegenstand genommen hat, bitten Sie es zu sagen: »Ich kaufe ein und lege ... in den Korb«, gefolgt vom Namen des gewählten Gegenstandes. Dann legt ihn das Kind in den Korb.

8 Der Korb wird ggf. an das nächste Kind weitergereicht. Nun wird der nächste Gegenstand ausgewählt und mit dem Spruch »Ich kaufe ein und lege ... in den Korb« in den Korb legt.

9 Wenn alle Gegenstände im Korb sind, wird der Korb mit dem Tuch bedeckt.

Lust auf mehr?

Sobald die Kinder größeres Vertrauen in ihre Merkfähigkeit haben, können Sie die Anzahl der Gegenstände für jedes Kind erhöhen.

10 Fragen Sie das Kind bzw. die Kinder (der Reihe nach), ob sie noch wissen, welchen Gegenstand sie gekauft haben.

11 Wenn alle Kinder gefragt wurden, nehmen Sie das Tuch vom Korb, um zu sehen, ob die Antworten richtig waren.

Fällt es einem Kind schwer, sich den Gegenstand zu merken, geben Sie ihm ein paar Tipps, aber die anderen Kinder dürfen die Antwort nicht verraten.

6

DIE SUCHE NACH DEN BUCHSTABEN

Diese Übung ist eine Version eines Versteckspiels – hier werden Gegenstände versteckt. Sie müssen alle mit demselben Anfangsbuchstaben beginnen, so wird Ihr Kind mit dem Alphabet und dem Klang der Buchstaben nach und nach vertraut.

A B C D E F G
H I J K L M N
O P Q R S T U
V W X Y Z

Das wird gebraucht

- **4 mittelgroße bis kleine Gegenstände, die denselben Anfangsbuchstaben haben, z. B. Bär, Ball, Becher, Buch**

Wenn Sie mit mehreren Kindern spielen, stellen Sie sicher, dass für jedes Kind 1 Gegenstand bereitliegt. Fragen Sie, wer welchen Gegenstand suchen will. Wer seinen Gegenstand gefunden hat, kann den anderen beim Suchen helfen.

Los geht's

1. Zeigen Sie Ihrem Kind die Gegenstände und klären Sie, ob Ihr Kind die Dinge benennen kann.
2. Kündigen Sie an, dass Sie die Gegenstände verstecken werden.
3. Bitten Sie Ihr Kind, sich die Augen zuzuhalten, bis Sie fertig sind.
4. Wenn es so weit ist, sagen Sie, dass es auf die Suche gehen kann.
5. Wenn Ihr Kind etwas nicht findet, können Sie Hinweise geben.
6. Das Spiel endet, wenn es alle Gegenstände gefunden hat.
7. Wiederholen Sie dann die Namen aller Gegenstände und mit welchem Buchstaben sie beginnen.

Lust auf mehr?

Sobald Ihr Kind die Gegenstände sicher findet, können Sie deren Anzahl erhöhen.

Wenn das Kind das Spiel beherrscht und mit den Buchstaben vertrauter wird, versuchen Sie, das gesamte Alphabet abzudecken, statt nur Dinge mit denselben Anfangsbuchstaben zu verstecken. Fordern Sie Ihr Kind auf, etwas zu suchen, das mit »A« beginnt, dann mit »B« und so weiter. Gehen Sie nicht das ganze Alphabet auf einmal durch. Versuchen Sie es mit 4 Buchstaben an einem Tag und weiteren vier am nächsten.

Tipp: Nennen Sie in dieser Phase grundsätzlich nur die Laute, nicht die Namen der Buchstaben, also zum Beispiel nicht »be«, sondern »b«, nicht »jot«, sondern »j«.

7

MIT REQUISITEN GESCHICHTEN ERFINDEN

Requisiten sind wunderbare Hilfsmittel dabei, dass Ihr Kind selbst Geschichten erfindet. Ich habe einige Vorschläge zusammengestellt, die meiner Erfahrung nach besonders gut geeignet sind.

Das wird gebraucht

- **eine Sammlung Requisiten, z. B. 1 Paar Erwachsenenschuhe, verschiedene Hüte oder 1 verpacktes Geschenk mit der Aufschrift »Bitte öffne mich«**

Los geht's

1 Sagen Sie Ihrem Kind, dass es sich eine Geschichte ausdenken darf.

2 Zeigen Sie ihm 1 Requisit aus der Sammlung.

3 Bei den großen Schuhen könnten Sie beispielsweise andeuten, es seien die Schuhe eines Riesen. Fragen Sie Ihr Kind dann vielleicht, ob es den Riesen beschreiben könne und wo er lebe und welches Abenteuer ihm bevorstehe?

4 Bei der Auswahl an Hüten können Sie Ihrem Kind sagen, es solle so tun, als gehörten sie anderen Leuten. Bitten Sie dann Ihr Kind, eine Person, die so einen Hut trägt, zu beschreiben, und fragen Sie, warum die Person so einen Hut trägt.

Es war einmal ...

Kinder brauchen Anregungen, um eine Geschichte entwickeln zu können. Stellen Sie Fragen wie: »Was geschah dann?«, »Kamen alle gut nach Hause?«, »Hatten sie Angst, als sie den Löwen sahen?«.

Leiten Sie Ihr Kind an, damit es seine Geschichte zu Ende erzählen kann.

5 Kinder können nicht widerstehen, ein Geschenk auszupacken – ein wunderbarer Aufhänger für eine Geschichte. Was immer Sie eingepackt haben, es wird die Geschichte bestimmen. Sie könnten beispielsweise einen Ring in ein Päckchen legen und sagen, der Ring besitze besondere Kräfte. Dann fragen Sie Ihr Kind, welche das sein könnten und wem der Ring wohl gehöre.

8

MIT REQUISITEN GESCHICHTEN NACHSPIELEN

In diesem Spiel nutzen Sie Requisiten, um eine Geschichte zu erzählen, die dem Kind bereits vertraut ist. Es muss dann anhand der Requisiten, die vor ihm liegen, raten, um welche Geschichte es geht, sie nacherzählen und aufführen. Überlegen Sie, welche Lieblingsgeschichte und welche Requisiten Sie wählen, damit das Kind die Geschichte sofort erkennt.

Das wird gebraucht

zur Geschichte passende Requisiten, z. B. für »Goldlöckchen und die drei Bären«:

- **1 große, 1 mittlere und 1 kleine Schüssel**
- **3 Löffel**
- **1 Tüte Haferflocken**

Los geht's

1. Breiten Sie alle Requisiten vor Ihrem Kind aus.
2. Fragen Sie, welche Geschichte es kennt, in der 3 Schüsseln mit Haferbrei vorkommen. Vielleicht müssen Sie als Tipp auf die unterschiedlichen Größen hinweisen.
3. Fragen Sie zum Beispiel, warum die Geschichte »Goldlöckchen und die drei Bären« heißt. Sie können auch fragen, was das kleine Mädchen tut.
4. Fragen Sie weiter, bis Ihr Kind die wichtigsten Episoden aus der Geschichte erzählt hat.
5. Lassen Sie Ihr Kind mithilfe der Requisiten die Geschichte nachspielen.

Wenn mehrere Kinder beteiligt sind, achten Sie darauf, dass alle die Geschichte kennen, die Sie ausgesucht haben.

Lust auf mehr?

Sie können dieses Spiel mit vielen Geschichten spielen. Für »Rotkäppchen« beispielsweise brauchen Sie eine rote Haube – oder einen roten Kapuzenpulli – und einen Korb mit Leckereien für die Großmutter. Fragen Sie Ihr Kind, in welcher Geschichte eine rote Haube vorkommt, warum die Geschichte »Rotkäppchen« heißt und was Rotkäppchen macht. Stellen Sie auch hier so lange Fragen, bis Ihr Kind die wichtigsten Episoden der Geschichte erzählt hat.

9

GESCHICHTEN ERFINDEN MIT EINEM STORYBOARD

Bei dieser Übung soll Ihr Kind aus Zeitschriften Bilder ausschneiden, um daraus ein Storyboard zu erstellen. Versuchen Sie, mehrere Figuren und eine interaktive Kulisse in die Geschichte einzubinden.

Das wird gebraucht

- **alte Zeitschriften**
- **Kinderschere**
- **Erwachsenenschere**
- **schwarzer Filzstift**
- **1 Blatt DIN-A3-Karton**
- **Klebestift**

Los geht's

1 Bitten Sie Ihr Kind, Bilder, die ihm gefallen, aus den Zeitschriften auszuschneiden. Als Hilfestellung reißen Sie vorher die Seite mit dem Bild heraus und kreisen das gewählte Bild mit Filzstift ein.

2 Lassen Sie Ihr Kind etwa 10 Bilder aussuchen und ausschneiden.

3 Bitten Sie Ihr Kind, die Bilder neben dem Karton auszubreiten.

4 Greifen Sie 1 Bild heraus, das eine Person oder ein Tier zeigt. Regen Sie die Fantasie Ihres Kindes an, indem Sie zum Beispiel nach dem Namen der Person fragen. Bei einem Tierbild könnten Sie fragen, ob das Tier ein Junge oder ein Mädchen ist.

5 Bitten Sie Ihr Kind, dieses erste Bild links oben auf den Karton zu kleben. Wenn Sie möchten, schreiben Sie den Namen der Person oder des Tieres darunter. Sagen Sie, dass Sie eine Geschichte zu dieser Person oder diesem Tier erfinden wollen.

6 Bitten Sie Ihr Kind, ein anderes Bild zu wählen, mit dem die Geschichte weitergehen könnte. Sie müssen vermutlich Vorschläge bezüglich der Bilder und zum Weitererzählen machen, um Ihrem Kind den Einstieg in das Erzählen der Geschichte zu erleichtern. Ihr Kind sollte dann 1 Bild auswählen und erzählen, wie die Geschichte weitergeht.

7 Fahren Sie auf diese Weise fort, bis alle Bilder in 1 oder 2 Reihen auf dem Karton kleben.

8 Erzählen Sie dann die Geschichte Bild für Bild noch einmal.

10

GESCHICHTEN NACHERZÄHLEN MIT EINER STORYMAP

Storymaps sind sehr hilfreich für Kinder, um Geschichten nachzuerzählen und ein Gespür für ihre Abfolge mit Anfang, Mitte und Schluss zu entwickeln. Ich habe »Goldlöckchen und die drei Bären« ausgewählt, weil in dieser Geschichte das Vokabular zu Oberflächen, Temperaturen und Größen eingesponnen ist. Aber wählen Sie Ihre Geschichte gerne frei nach den Vorlieben Ihres Kindes.

Das wird gebraucht

- **1 Blatt DIN-A3-Papier**
- **Bleistift**
- **Buntstifte, Wachsmalstifte oder Filzstifte**
- **Radiergummi**
- **das Buch mit dem Lieblingsmärchen Ihres Kindes (z. B. »Goldlöckchen und die drei Bären«)**

Los geht's

1 Legen Sie das DIN-A3-Blatt im Hoch- oder Querformat auf den Tisch und die Malutensilien daneben.

2 Bitten Sie Ihr Kind, das Buch mit seinem Lieblingsmärchen an den Tisch zu bringen, und sagen Sie ihm, dass Sie einen Erzählplan machen wollen.

3 Bitten Sie Ihr Kind, auf dem Blatt zu markieren, wo wohl das Haus der Hauptfiguren liegt, und dann, wo die anderen Figuren leben könnten. Schlagen Sie vor, zwischen den beiden Häusern einen Weg einzuzeichnen. Fragen Sie, was wohl zu beiden Seiten des Weges noch sein könnte?

4 Bitten Sie Ihr Kind, all diese Dinge auf dem Blatt einzuzeichnen und auszumalen.

5 Ist die Karte fertig, kann Ihr Kind sie als Hilfsmittel nutzen, um die Geschichte nachzuerzählen; vielleicht ja beginnend mit »Es war einmal«.

Lust auf mehr?

Die Figuren auf Arbeitsblatt 6 können kopiert, ausgemalt, ausgeschnitten und auf die Karte geklebt werden (siehe S. 176).

Sie können oben auf der Rückseite der ausgeschnittenen Figuren einen entfernbaren Kleber anbringen, sodass sie an der Karte haften, aber im Verlauf der Geschichte versetzt werden können.

11

BÜCHER LIEBEN LERNEN

Um die Liebe zum Erzählen und zur Literatur bei Ihrem Kind zu fördern, ist auch ein sorgfältiger und respektvoller Umgang mit Büchern wichtig. Hier meine Tipps, wie Sie diese Haltung vermitteln könnten:

- Denken Sie daran: Sie sind das Vorbild. Wenn Ihr Kind sieht, dass Sie Bücher mit Sorgfalt behandeln, wird es dasselbe tun.
- Zeigen Sie Ihrem Kind Ihre Lieblingsbücher, vor allem solche aus Ihrer Kindheit, und erklären Sie, warum sie etwas Besonderes für Sie sind.
- Zeigen Sie Ihrem Kind, wie man mit Büchern umgeht und wie man blättert.
- Erinnern Sie Ihr Kind daran, Bücher nur mit sauberen Händen anzufassen und nicht hineinzuschreiben oder die Seiten zu bemalen.
- Machen Sie größeren Kindern ihre Bücher leicht zugänglich und zeigen Sie ihnen, wie man ein Buch aus dem Regal nimmt und es wieder zurückstellt.
- Verwenden Sie für kleinere Kinder Holzkisten (wie sie Buchhandlungen häufig nutzen); Sie können beispielsweise eine Kiste mit Sach- und eine mit Geschichtenbüchern bestücken.

12

BÜCHER AUSWÄHLEN

Wenn man auf der Suche nach Büchern ist: Wo soll man bei der Masse an Kinderbüchern anfangen? Hier ein paar Kriterien für die Buchauswahl in Buchhandlungen oder Büchereien:

- Gönnen Sie sich möglichst viel Zeit. Am besten nehmen Sie Ihr Kind mit, damit es selbst erlebt, wie viel mehr Spaß es macht, in echten Büchern zu schmökern statt online.
- Wenn Sie Bücher zum Anschauen für Ihr Kind suchen, wählen Sie ein altersgerechtes Buch. Suchen Sie Bücher zum Geschichtenvorlesen, dürfen es auch solche für etwa 1½ Jahre ältere Kinder sein.
- Suchen Sie nach einer Mischung aus kurzen und langen Geschichten; und wenn Ihr Kind älter wird, suchen Sie ein Gutenachtbuch, aus dem jeden Abend ein Kapitel gelesen werden kann.
- Prüfen Sie, ob das Buch Bilder oder Motive enthält, die Ihrem Kind Angst machen könnten; das ist vor allem für Gutenachtgeschichten wichtig. Werfen Sie nicht nur auf die ersten beiden Seiten einen Blick – womöglich gibt es ein unerwartetes Ende!
- Suchen Sie Bücher aus, die den Interessen Ihres Kindes entgegenkommen – zum Beispiel Geschichten mit Tieren oder Transportmitteln. Ziehen Sie auch Bücher in Betracht, die sich mit Kindheitsthemen wie Gefühlen, Teilen oder Freundschaft beschäftigen.
- Achten Sie dabei darauf, dass das Verhältnis zwischen Fantastischem und Alltäglichem ausgewogen ist und die Bücher ein breites Spektrum an Emotionen abdecken.
- Sachbücher sind wunderbare Begleiter für »erste Male«, etwa ein neues Baby in der Familie, ein erster Arztbesuch oder der erste Schultag. Sachbücher helfen auch, die Interessen Ihres Kindes zu entdecken – Dinosaurier zum Beispiel – oder Fragen zur Welt um uns herum zu beantworten.

- Wählen Sie Bücher mit anschaulichen, klärenden Abbildungen; im Fall fiktiver Geschichten sollten sie grob den Handlungsverlauf zeigen.
- Und schließlich das Wichtigste: Lassen Sie Ihr Kind bei der Auswahl mitreden!

13

IHREM KIND VORLESEN

»Sitzt du bequem? Dann fange ich an.« So sollte das Vorlesen immer beginnen, denn wenn wir uns wohlfühlen und bereit sind zuzuhören, ist die Freude an Geschichten am größten. Legen Sie einen Zeitraum zum Vorlesen fest und achten Sie darauf, dass es Ihr Kind gemütlich hat und es bereit ist. Vielleicht können Sie in seinem Zimmer eine Leseecke mit Sitzkissen und einer weichen Decke einrichten.

- Ihre Art des Vortrags beeinflusst, ob Ihr Kind der Geschichte folgen kann und sie begreift. Ich empfehle, die Geschichte vorher schon einmal durchzulesen. So prüfen Sie nicht nur, ob sie für Ihr Kind geeignet ist, Sie können sie dann auch einleiten und Ihr Kind hineinziehen, bevor Sie loslegen. »Das ist meine Lieblingsgeschichte, weil …« Oder Sie erzählen schon den Anfang der Geschichte: »In dieser Geschichte geht eine kleine Maus auf Abenteuerreise. Mal sehen, was passiert.«

- In manchen Geschichten passieren Dinge, die Ihrem Kind Angst machen können; dann sollten Sie Ihr Kind beruhigen. Bei »Rotkäppchen« könnten Sie zum Beispiel erklären, dass es sprechende Wölfe nur in Märchen gibt. Älteren Kindern könnten Sie sagen: »Das ist eine Geschichte über ein kleines Mädchen und einen Wolf; aber ich glaube, das kleine Mädchen ist schlauer. Komm, das finden wir heraus.«

- Stellen Sie beim Vorlesen Fragen und kommentieren Sie die Geschichte. Wenn Sie zum Beispiel an eine sehr aufregende Stelle kommen, legen Sie eine kurze Pause ein und fragen Sie Ihr Kind, wie es ausgehen könnte. Etwa so: »Denkst du, der kleine Junge wird gerettet?« Handelt die Geschichte von Kindheitsthemen wie dem Teilen, könnten Sie die Situation kommentieren: »Das war nicht so nett von dem Mädchen, das Spielzeug nicht zu teilen.«

- Wenn Sie fragen und kommentieren, wird das auch Ihr Kind tun. Achten Sie darauf, dass die Fragen und Kommentare die Geschichte nicht stören. Wenn Sie das befürchten, sagen Sie zu Ihrem Kind: »Lass uns zuerst die Geschichte zu Ende lesen, dann denken wir über die Fragen nach.« Wenn die Geschichte zu Ende ist, nehmen Sie sich Zeit, um mit Ihrem Kind darüber zu sprechen, wie ihm die Geschichte gefallen hat und welche Fragen sich stellen.

14

MIT IHREM KIND LESEN

Wenn Ihr Kind Freude daran hatte, vorgelesen zu bekommen, ist es später bestimmt bereit für seine erste eigene Lektüre. Es gibt viele Bücher für Erstleser. Mein Tipp: Wählen Sie eine auf Lauten basierende Lesemethode, bei der die Bücher sorgsam aufeinander aufbauen und auf jeder weiteren Stufe neue Wörter eingeführt werden. Suchen Sie Bücher aus, die Nomen enthalten, die Ihr Kind bereits lesen kann. Sie werden feststellen, dass die Bücher der gleichen Struktur folgen und aus Wörtern zunächst Satzteile, dann ganze Sätze gebildet werden, so wie in diesem Kapitel.

- Zeigen Sie Ihre Freude und ermutigen Sie Ihr Kind, wenn Sie ihm ein neues Buch geben. Lesen Sie ihm den Titel vor und überlegen Sie gemeinsam anhand der Bilder auf dem Einband, worum es geht.
- Erklären Sie Ihrem Kind, dass es zuerst die Bilder betrachten soll. So bekommt es bereits eine Ahnung von der Geschichte, bevor es sie zu lesen versucht.
- Sagen Sie ihrem Kind, dass es bereits Wörter im Buch kennt. Blättern Sie durch, suchen Sie nach den bekannten Wörtern, und zeigen Sie sie ihm. Ermuntern Sie Ihr Kind, die Wörter zu lesen, damit es sich zutraut, das gesamte Buch zu lesen.
- Gehen Sie nun wieder zum Anfang des Buches, damit Ihr Kind beginnen kann, die Geschichte zu lesen. Legen Sie den Finger unter jedes Wort, das es liest, und bitten Sie es, die einzelnen Buchstaben laut zu sprechen.
- Mit zunehmendem Selbstvertrauen wird Ihr Kind anfangen, Wörter zu erkennen, ohne laut buchstabieren zu müssen. Neue Wörter müssen Sie Ihrem Kind vorlesen, doch mit der Zeit wird es sie schließlich selbst lesen können.

- Zum Verfestigen von Grundwörtern können Sie auch Karteikarten verwenden.
- Lassen Sie sich nie dazu hinreißen, Bilder abzudecken, um herauszufinden, ob Ihr Kind die Wörter tatsächlich lesen kann. Die Bilder helfen beim Entziffern.
- Die Lesesessions sollten jeweils nicht länger als 10 Minuten dauern. Sprechen Sie dann über das Gelesene und stellen Sie Fragen dazu.
- Hat Ihr Kind ein Buch fertig gelesen, zeigen Sie ihm Ihre Freude darüber.
- Betrachten und lesen Sie die Bücher immer wieder mit Ihrem Kind und lassen Sie sich nicht verleiten, zum nächsten Buch überzugehen, bevor es das aktuelle Buch sicher lesen kann.

15

UNSERE WELT IM ÜBERBLICK

Ein Globus oder eine Landkarte kann Ihrem Kind helfen, erste, möglichst konkrete Einblicke in die Geografie zu gewinnen. Ihr Kind kann mit dem Globus und der Weltkarte vertraut werden und begreifen, dass sie unseren Planeten darstellen. Es lernt, dass die Landmassen Kontinente bilden, die eigene Namen haben.

Das wird gebraucht

- **Globus**
- **alternativ: Weltkarte, auf der die Kontinente möglichst in unterschiedlichen Farben dargestellt sind**

Los geht's

1 Zeigen Sie Ihrem Kind den Globus und ermuntern Sie es, ihn mit den Händen zu befühlen. Fragen Sie, woran der Globus Ihr Kind erinnert. Es antwortet hoffentlich: »An einen Ball«, und Sie können erklären, dass man den hier »Kugel« nennt.

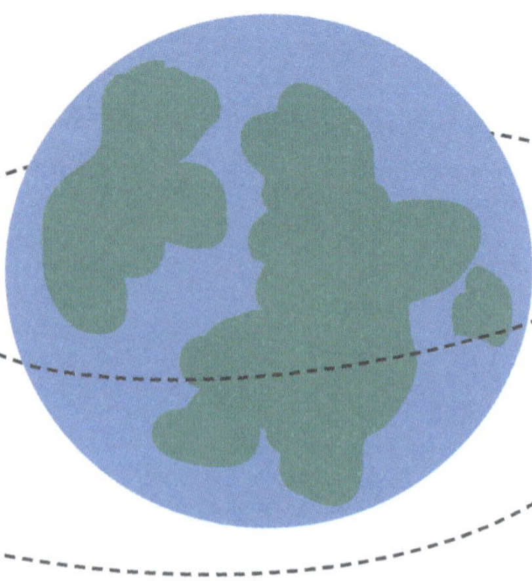

2 Erklären Sie, dass die Kugel den Planeten »Erde« darstellt, den »Planeten«, auf dem wir leben. Später können Sie sagen, dass die Kugel auch »Globus« genannt wird. Erklären Sie, dass das Blaue die Meere sind und die farbigen Flächen das Land.

3 Zeigen Sie Ihrem Kind das Land, in dem es lebt. Nennen Sie den Namen Ihrer Stadt oder Gemeinde und erklären Sie, dass sie in einem viel größeren Land liegt. Ziehen Sie mit dem Finger die Umrisse des Landes nach und fordern Sie Ihr Kind auf, dasselbe zu tun. Sprechen Sie dabei den Namen des Landes laut aus.

4 Suchen Sie andere Orte, die dem Kind vertraut sind, etwa weil Verwandte dort leben oder Sie dort Urlaub gemacht haben. Zeigen Sie ihm in den nächsten Tagen die restlichen Kontinente.

Lust auf mehr?

Zeigen Sie Ihrem Kind einen Atlas. Bitten Sie es, Ihr Land zuerst auf dem Globus und dann im Atlas zu finden. Ist das zu schwierig, geben Sie Tipps, etwa indem Sie die Farbe des Kontinents verraten. Wiederholen Sie dies mit weiteren Ländern, die das Kind kennt.

Wenn Ihr Kind Tiere liebt, sprechen Sie darüber, welche Tiere auf den verschiedenen Kontinenten leben. Kleben Sie Bilder von ihnen auf die Karte.

Wenn Sie neue Länder oder Kontinente einführen, sehen Sie sich noch einmal bekannte Orte an.

16

SPASS AN WORTSPIELEN

Das Geschichtenerzählen und -erfinden hat Ihrem Kind gezeigt, wie viel Spaß Sprache machen kann. Jetzt können Sie mit ihm die Wirkung der Wörter anhand von Klang, Rhythmus und Reim erkunden.

Kinderreime

- Die Anziehungskraft von Kinderreimen ist überall gleich groß und ihr Einfluss in unserer Kindheit ist so enorm, dass wir uns auch als Erwachsene noch an sie erinnern. Dass Ihr Kind deren eigentliche Bedeutung vielleicht gar nicht versteht, tut dem Spaß daran keinen Abbruch. Vielmehr machen die dabei entstehenden Bilder sogar einen Teil des Reizes aus – denken Sie an »ABC, die Katze lief im Schnee« oder »Zehn kleine Zappelmänner«.

- Mit Kinderreimen entdeckt Ihr Kind die Welt der Reime; diesen Teil der Sprache finden Kinder sehr spannend. Picken Sie nun Wörter aus den Reimen heraus und versuchen Sie, sie selbst zu ergänzen und selbst Unsinnsreime zu erfinden.

Kinder lieben es auch, Verse mit Bewegungen zu verbinden. Das entwickelt ihre Koordinationsfähigkeit und betont die Reime. Um Ihrem Kind den Rhythmus der Worte bewusst zu machen, sprechen Sie die Verse mit Ihrem Kind und klatschen Sie dazu im Takt.

Gedichte

- In Gedichten sind die Reime und das Spiel mit Wörtern komplexer als in Kinderreimen. Lyrik kann, ebenso wie Geschichten, Kindern ein breiteres Verständnis von der Welt vermitteln und dabei helfen, Kindheitserfahrungen zu verarbeiten. Gedichte und Reime können auch als Gedächtnisstütze dienen, etwa beim Lernen der Wochentage oder Monate.

- Kinder haben Freude daran, Gedichte auswendig zu lernen, und sind stolz, wenn sie ein Gedicht beherrschen. Beginnen Sie mit einem Gedicht, das nicht mehr als 4 Verse hat, und steigern Sie die Länge langsam. Ihr Fokus sollte auf der Freude an der Sprache liegen, nicht auf der Technik des Auswendiglernens. Halten Sie sich nie länger als 10 Minuten am Stück damit auf, ein Gedicht auswendig lernen zu lassen.

- Statt eines Gedichts können Sie auch einen Zungenbrecher üben, etwa »Fischers Fritz«.

Geschichten erfinden

- Indem Sie Ihrem Kind helfen, eigene Geschichten zu erfinden, vermitteln Sie ihm das Verständnis für den Aufbau von Geschichten. Sprechen Sie über die Figuren in den Geschichten Ihres Kindes, über deren Namen, darüber, wo diese leben und was sie erleben. Erzählen Sie die Geschichten nach, aber fragen Sie auch häufig dazwischen, beispielsweise: »Was passiert als Nächstes?« Wenn die Geschichte zu Ende ist, kommentieren Sie die Inhalte.

17

DAS LAUTALPHABET LERNEN

In der Montessori-Pädagogik wird das Lautalphabet vor den Namen der Buchstaben gelehrt. Der Laut eines Buchstabens wird zugleich mit dem Nachzeichnen des Buchstabens in der gleichen Richtung, in der man ihn schreiben würde, vermittelt.
Bei dieser Übung wird ein Tablett mit Salz verwendet. Das taktile Spüren des Salzes hilft dem Kind, sich die Schreibrichtung der Buchstaben einzuprägen. In Montessori-Schulen werden Sandpapierbuchstaben verwendet. Wenn Sie Lust haben, können Sie Ihre eigenen Sandpapierbuchstaben basteln. Nutzen Sie dazu die Buchstaben von Arbeitsblatt 2 als Vorlage (nachzeichnen, ausschneiden und auf einen festen Karton kleben).

Das wird gebraucht

- **2 kleine Backbleche, etwa 20 × 30 cm**
- **Salz, um die Bleche zur Hälfte zu bestreuen**
- **Arbeitsblatt 1, Alphabet als Lauttabelle**

Los geht‘s

1. Achten Sie darauf, dass Ihr Kind saubere und trockene Hände hat. Bitten Sie Ihr Kind, eines der Bleche zum Arbeitstisch zu bringen, nehmen Sie das andere. Stellen Sie 1 Blech vor Ihr Kind, das andere mit dem Arbeitsblatt als Vorlage rechts neben sich.

2. Spuren Sie mit Ihrem Finger den Buchstaben »A«. Sprechen Sie dabei den Laut aus. Schieben Sie das Blech zu Ihrem Kind, damit es den Buchstaben nachfahren kann. Dabei soll es laut sagen: »Das ist ein ›A‹.«

3. Wischen Sie den Buchstaben weg und wiederholen Sie den Vorgang zuerst mit einem »T«, dann noch einmal zum Vertiefen mit beiden Buchstaben.

4 Legen Sie die Bleche mit den Bitten »Kannst du mir das ›A‹ zeigen?« und »Kannst du mir das ›T‹ zeigen?« vor das Kind.

5 Dann tauschen Sie die Bleche mit den Bitten »Kannst du ein ›A‹ nachspuren?« und »Kannst du ein ›T‹ nachspuren?«. Fragen Sie: »Welches ist das ›A‹ und welches das ›T‹? Kannst du sie nachspuren?«

6 Zeigen Sie auf das Blech mit dem »A« und fragen Sie: »Was ist das?« Hat Ihr Kind es benannt, bitten Sie es, den Laut zu wiederholen und den Buchstaben nachzuspuren. Zeigen Sie nun auf das »T« und wiederholen Sie die Bitten dementsprechend.

7 Wiederholen Sie Schritt 2 bis 6, beginnen Sie nun mit »T«.

Lust auf mehr?

Führen Sie so auch den Rest des Lautalphabets ein; wiederholen Sie stets die beiden Laute vom Durchgang zuvor. Notieren Sie sich, welche Buchstaben Sie geübt haben.

Ermuntern Sie Ihr Kind, den Laut auszusprechen, wenn es einen Buchstaben nachspurt.

Tipp: Nennen Sie in dieser Phase grundsätzlich nur die Laute, nicht die Namen der Buchstaben, also etwa nicht »be«, sondern »b«, nicht »jot«, sondern »j«.

18

SPIELE MIT LAUTEN

Laute sind die Bausteine der Wörter. Sie zu identifizieren, ist für Ihr Kind der erste Schritt, um zu lernen, Wörter zu bilden. Dieses Spiel mit konkreten Gegenständen vermittelt Ihrem Kind Sicherheit beim Erkennen der Anlaute von Wörtern. Ich kann nicht genug betonen, wie wichtig es ist, langsam zu sprechen, damit Ihr Kind die Laute korrekt wahrnimmt.

Das wird gebraucht

- **3 bis 4 kleine Gegenstände mit demselben Anlaut**
- **3 bis 4 Gegenstände mit anderen Anlauten**
- **Tablett, möglichst einfarbig**

Prüfen Sie bei kleineren Kindern, ob sie die Gegenstände benennen können, bevor Sie beginnen. Sie können das Spiel mit 1 oder 2 Gegenständen vorspielen.

Los geht's

1. Legen Sie alle Gegenstände auf das Tablett.
2. Bitten Sie Ihr Kind, sich neben Sie zu setzen.
3. Erklären Sie Ihrem Kind, dass es Gegenstände heraussuchen soll, die mit dem Laut beginnen, den Sie nun aussprechen.
4. Sprechen Sie diesen Laut sehr deutlich aus und bitten Sie Ihr Kind, ihn nachzusprechen, bevor es einen Gegenstand dazu auswählt.
5. Bitten Sie Ihr Kind, die von ihm ausgewählten Gegenstände neben das Tablett zu legen.
6. Bitten Sie es nun, die Namen all dieser Gegenstände zu wiederholen.

Lust auf mehr?

Sobald Ihr Kind dieses Spiel sicher beherrscht, kann es dazu übergehen, auf die End- und Mittellaute in den Namen der Gegenstände zu hören.

19

BUCHSTABEN ERKENNEN

Die beiden folgenden Übungen gelten den geschriebenen Buchstaben. In dieser ersten Übung verwenden Sie ein Tablett mit Salz, um einen Buchstaben zu schreiben, der dann mit einem Papierbuchstaben verglichen wird. Wenn Ihr Kind damit vertraut ist, die ersten Buchstaben zu erkennen, können Sie weitere Buchstaben einführen.

Das wird gebraucht

- **Arbeitsblatt 2**
- **Körbchen oder Schachtel**
- **Backblech 20 × 30 cm**
- **Salz, um das Blech zur Hälfte damit zu bestreuen**

Los geht's

1 Bitten Sie Ihr Kind, das Körbchen zum Tisch zu bringen; nehmen Sie das Tablett mit dem Salz. Stellen Sie das Tablett vor Ihr Kind und das Körbchen vor Sie.

2 Nehmen Sie nun 3 Buchstaben aus dem Körbchen, die sich in der Form deutlich unterscheiden.

Kopieren Sie das Arbeitsblatt und schneiden Sie die Buchstaben entlang der gestrichelten Linien aus. Legen Sie sie in das Körbchen und bestreuen Sie ein Blech zur Hälfte mit Salz.

3 Legen Sie die Papierbuchstaben in 1 Reihe auf die Salzfläche. Zeichnen Sie nun einen der Buchstaben in das Salz. Fordern Sie Ihr Kind auf, sich den Buchstaben anzusehen und den entsprechenden Papierbuchstaben aus der Reihe zuzuordnen.

4 Bitten Sie Ihr Kind nun, Ihren Buchstaben im Salz zu verwischen. Suchen Sie 3 neue Buchstaben aus. Wiederholen Sie die Schritte 2 und 3, bis Sie etwa 8 Buchstaben besprochen haben.

20

PAPIERBUCHSTABEN VERGLEICHEN

In der letzten Übung wurden nur 3 Buchstaben verglichen; diesmal sind es erst 3, dann 6 und schließlich 8. Sie benötigen dazu 2 Sets Papierbuchstaben.

Das wird gebraucht

- **Arbeitsblatt 2**
- **Schere**
- **2 Körbchen oder Schachteln**

Los geht's

1 Bitten Sie Ihr Kind, eines der Körbchen zum Tisch zu bringen; nehmen Sie das andere. Bitten Sie Ihr Kind, das eine Körbchen vor sich, das andere vor Sie zu stellen.

Basteln Sie ein weiteres Set Buchstaben (Arbeitsblatt 2). Legen Sie jedes Set in ein eigenes Körbchen.

2 Bitten Sie Ihr Kind, 3 Buchstaben aus seinem Körbchen zu nehmen und sie nebeneinander vor das Körbchen zu legen. Nehmen Sie die gleichen 3 Buchstaben aus Ihrem Körbchen und legen Sie sie aufeinander vor Ihr Kind.

3 Bitten Sie Ihr Kind nun, Ihre Buchstaben mit den seinen zu vergleichen und 3 Buchstabenpaare zu bilden. Legen Sie die Buchstabenpaare als Stapel rechts von Ihnen ab. Nach der Übung müssen die Buchstaben wieder zurücksortiert werden.

4 Wiederholen Sie die Schritte 2 und 3 nun mit 6, dann mit 8 Buchstaben.

Lust auf mehr?

Legen Sie ein Buchstabenset in alphabetischer Reihenfolge auf ein großes Tablett. Bitten Sie Ihr Kind, einen Buchstaben aus dem Körbchen zu nehmen und dem entsprechenden Buchstaben auf dem Tablett zuzuordnen. Wahrscheinlich müssen Sie Ihrem Kind Tipps geben wie: »Ich glaube, du musst in der oberen Reihe suchen.«

21

WÖRTER ZUSAMMENSETZEN

Diese Übung führt einen entscheidenden Schritt weiter auf dem Weg zum Lesen. Durch das Hören auf die Buchstabenlaute setzt Ihr Kind nun akustisch und visuell Wörter zusammen.

Das wird gebraucht

- Arbeitsblatt 2
- Arbeitsblatt 3
- Schere
- 5 Briefumschläge
- großes Tablett
- ablösbarer Kleber (z. B. Blu-Tack)

Machen Sie von Arbeitsblatt 2 5 DIN-A3-Kopien (bereits vorhandene Buchstabensets können Sie auch verwenden, dann entsprechend weniger Kopien anfertigen). Befestigen Sie eine Kopie mit dem ablösbaren Kleber auf dem Tablett und schneiden Sie von den anderen Kopien die Buchstaben aus. Legen Sie die Buchstaben übereinander auf die entsprechenden Buchstaben der festgeklebten Kopie auf dem Tablett.

Kopieren Sie Arbeitsblatt 3 auf 1 DIN-A3-Papier. Schneiden Sie die Wörter und Bilder aus und stecken Sie jede Lautgruppe in einen extra Umschlag. Verwenden Sie pro Übung nur 1 Umschlag. Nehmen Sie zuerst die Bilder zur Hand, am Ende dann die Wörter.

Los geht's

1 Bitten Sie Ihr Kind, einen Umschlag auf den Boden zu legen. Arbeiten Sie möglichst auf einem einfarbigen Teppich, der nicht ablenkt. Stellen Sie das Tablett vor Ihr Kind. Den Umschlag legen Sie vor sich.

2 Nehmen Sie 3 Bilder aus dem Umschlag und legen Sie sie vor Ihr Kind. Bitten Sie es, 1 Bild auszuwählen — zum Beispiel Zug. Sagen Sie: »Wir setzen jetzt das Wort ›Zug‹ aus Buchstaben zusammen.« Bitten Sie Ihr Kind, das Bild links von sich unterhalb des Tabletts zu legen.

3 Fragen Sie: »Welchen Laut hörst du als Erstes, wenn ich ›Zug‹ sage?« Sprechen Sie das Wort noch einige Male langsam und deutlich, dann gemeinsam. Helfen Sie Ihrem Kind, nur den ersten Laut zu betonen.

4 Wenn Ihr Kind »Z« sagt, bitten Sie es, den Buchstaben »Z« auf dem Alphabettablett zu suchen; wenn es ihn gefunden hat, legen Sie den Buchstaben neben das Bild.

Weiter auf der nächsten Seite →

Bei dieser Übung ist es wichtig, genau auf die einzelnen Laute im Wort zu hören. Nehmen Sie sich Zeit und sprechen Sie die Laute langsam und deutlich.

5 Sagen Sie: »Wir haben nun das ›Z‹, jetzt müssen wir auf den nächsten Laut hören.« Wiederholen Sie die Schritte wie zuvor, bis Sie das »u« gefunden haben. Legen Sie es neben das »Z«.

6 Ihr Kind ist vielleicht schon beim »g« (Kinder tun sich mit Anfangs- und Endlauten leichter). Falls das so ist, lassen Sie zwischen »Z« und »g« eine Lücke. Fordern Sie Ihr Kind auf, weiter zu horchen, um den fehlenden Buchstaben zu finden.

7 Fragen Sie Ihr Kind: »Hörst du noch einen Laut in ›Zug‹«? Folgen Sie den Schritten, bis der letzte Buchstabe gefunden ist und an der richtigen Stelle liegt.

8 Lassen Sie Ihr Kind die Buchstabenfolge nun mit dem ausgeschnittenen Wort aus dem gleichen Lautgruppen-umschlag vergleichen.

Lust auf mehr?

Wiederholen Sie die Übung mit einem zweiten und dritten Wort derselben Vokalgruppe. Nutzen Sie zunächst die Wörter mit den wenigsten Buchstaben – etwa »Hut« oder »Bus«.

Hat Ihr Kind 3 Wörter fertig, fragen Sie, ob es Lust auf ein viertes hat. Versuchen Sie es später einmal mit Wörtern mit mehr Buchstaben, aber nur im Tempo Ihres Kindes, sodass Ihr Kind nicht überfordert wird.

Ist eine Vokalgruppe fertig, nehmen Sie eine andere. Da diese Gruppe dann einen neuen Vokal hat, machen Sie die ersten ein, zwei Wörter gemeinsam; Wörter mit wenigen Buchstaben kann Ihr Kind dann selbst übernehmen.

O

22

LESEN MIT WORT- UND BILDKARTEN

Die Bildkarten aus der Übung zuvor kommen auch hier zum Einsatz, doch diesmal helfen Sie dabei, das geschriebene Wort zu entziffern. Ihr Kind sollte die vorangegangene Übung abgeschlossen haben, bevor es nun versucht, die Wortkarten zu lesen.

Das wird gebraucht

- **Bild- und Wortkarten von Arbeitsblatt 3, bereits ausgeschnitten für Übung 21**
- **1 Umschlag**

Sprechen Sie die Wörter laut mit Ihrem Kind. Werden Sie jedes Mal etwas schneller, damit man hören kann, wie die Laute verschmelzen.

Los geht's

1. Wählen Sie 1 Gruppe aus den Bild- und Wortkarten (zum Beispiel Wörter, die den gleichen Vokal haben), stecken Sie sie in 1 Umschlag und bitten Sie Ihr Kind, den Umschlag zum Tisch zu bringen.
2. Nehmen Sie 3 Bilder heraus und bitten Sie Ihr Kind, sie in 1 Reihe in der Tischmitte vor sich zu legen. Suchen Sie inzwischen die passenden Wortkarten heraus und legen Sie sie als Stapel vor Ihr Kind.
3. Bitten Sie Ihr Kind, das erste Wort des Stapels zu lesen. Es wird langsam Laut für Laut lesen. Fragen Sie nach dem ersten Laut. Nun soll es nach einem Bild mit einem Gegenstand suchen, der mit dem gleichen Laut beginnt. Falls nötig, gehen Sie so Bild für Bild mit ihm durch. Wenn Ihr Kind das Wort gelesen hat, soll es das Wortkärtchen unter das passende Bildkärtchen legen.
4. Folgen Sie denselben Schritten, bis alle Wortkarten aus dem Umschlag gelesen sind und unter den Bildkarten jeweils die passenden Wörter liegen. Wenn Ihr Kind bei einem Wort nicht weiterkommt, sagen Sie ihm: »Wir werden auf dieses Wort zurückkommen.« Legen Sie das Wort für einen neuen Versuch unten in den Stapel.

Lust auf mehr?

Wenn Ihr Kind die Zuordnung von Wort- und Bildkarten sicher beherrscht, können Sie drei weitere Karten dazunehmen. So haben Sie eine Mischung aus alt und neu.

Lassen Sie Ihr Kind auf diese Weise auch mit den anderen Vokalgruppen arbeiten.

23

DREIWORTSÄTZE KONSTRUIEREN

Diese Übung wird Ihrem Kind Spaß machen, denn es darf witzige Sätze bilden. Ihr Kind hat in den vorherigen Leseübungen bereits gelernt, lautgetreu Wörter aus 3 bis 5 Buchstaben zusammenzusetzen. Die nächsten beiden Übungen zeigen, wie man diese Wörter in einem Satz verwendet. Es werden auch »Lernwörter« eingeführt, die man nicht Laut für Laut aussprechen kann, sondern lernen muss, etwa »der« oder »Stuhl«.

Das wird gebraucht

- **Arbeitsblatt 4**
- **ausgeschnittene Wort- und Bildkarten von Wörtern mit 3 Buchstaben von Arbeitsblatt 3**
- **Schere**
- **3 Briefumschläge**
- **blauer und gelber Buntstift**

Bewahren Sie die Wort- und Bildkarten für Nomen in einem anderen Umschlag auf als die für andere Wortarten.

Kopieren Sie Arbeitsblatt 4 zweimal und schraffieren Sie die Spalten der Artikel und Verben in unterschiedlichen Farben: Verwenden Sie Blau für die Artikel, Gelb für die Verben. Schraffieren Sie nur leicht, damit die Wörter noch gut lesbar sind. Schneiden Sie die Wörter nur dieser beiden Gruppen aus und stecken Sie Artikel und Verben jeweils in einen extra Umschlag.

Los geht's

1 Legen Sie die 3 Umschläge auf das Tablett. Bitten Sie Ihr Kind, das Tablett zum Tisch zu bringen und sich links neben Sie zu setzen. Bitten Sie Ihr Kind, 3 Bildkarten aus dem Nomenumschlag zu nehmen und vor sich auf das Tablett zu legen.

Der	Dino	pustet
Die	Hexe	isst
Das	Kind	will
		wartet
		ruft
		zeltet

2 Holen Sie die Verb- und die Artikelkarten aus den Umschlägen und legen Sie sie jeweils untereinander auf das Tablett. Fügen Sie nun die Wortkarten zu den gewählten Bildern in einer neuen Spalte hinzu.

3 Bitten Sie Ihr Kind, 1 Bild von den 3 Bildkarten auszuwählen, es unterhalb des Tabletts in die Mitte zu legen, es zu benennen und die passende Wortkarte dazu zu finden. (Zeigen Sie auf die Spalte mit den Nomen.) Bitten Sie Ihr Kind, die passende Wortkarte unter die ausgewählte Bildkarte zu legen.

4 Bitten Sie Ihr Kind, auszusuchen, was »das Wort« tun soll. Hat das Kind beispielsweise »Hut« gewählt, fragen Sie, was der Hut tun soll. Zeigen Sie auf die Spalte mit den Verben, die es mit Ihrer Hilfe lesen soll. Bitten Sie es, ein Verb auszuwählen und hinter das Nomen zu legen. Wiederholen Sie diese Schritte mit 2 weiteren Bildern.

Lust auf mehr?

Wenn Ihr Kind 3 Sätze bilden konnte, nehmen Sie 3 neue Bildkarten aus der gleichen Lautgruppe.

Fahren Sie mit dem Rest der Lautgruppe fort, gehen Sie also zu Wörtern mit mehr Buchstaben über. Arbeiten Sie immer mit 3 Beispielen.

5 Kehren Sie nun zum ersten Bild zurück und erklären Sie, dass vor allen Nomen ein »der«, »die«, »das« stehen muss. Geben Sie ein Beispiel, etwa: »Der Wal pustet.« Bitten Sie Ihr Kind, den richtigen Artikel für die Nomen zu wählen (lassen Sie unbestimmte Artikel unbeachtet). Wiederholen Sie diesen Schritt mit den beiden anderen Bildern.

24

SÄTZE BILDEN

Wenn Ihr Kind es beherrscht, Dreiwortsätze zu bilden, kann es nun versuchen, diese Sätze zu erweitern. In dieser Übung wird es ein Adjektiv, eine Präposition, einen zweiten Artikel und ein zweites Nomen hinzufügen (beide mit Ihrer Hilfe entsprechend gebeugt).
Spaßig bei dieser Übung ist, dass Ihr Kind so unsinnige Sätze bilden kann, wie es möchte. Diese Übung ist sehr schwierig! Wenn Ihr Kind sie mit Ihrer Hilfe bewältigt hat, sagen Sie ihm, was es geleistet hat!

Das wird gebraucht

- **Papier**
- **schwarzer Filzstift**
- **Wortkarten der Arbeitsblätter 3 und 4**

Warten Sie, bis Ihr Kind einen Schritt dieser Übung beherrscht, führen Sie erst dann den nächsten Begriff ein.

Los geht's

1 Wiederholen Sie die Schritte der letzten Übung und fügen Sie dieses Mal Adjektive hinzu. Erklären Sie Ihrem Kind, dass Adjektive Wörter »beschreiben«. Lassen Sie eine Lücke zwischen Artikel und Nomen. Sagen Sie: »Wir fügen ein neues Wort hinzu, das unseren ... beschreibt« (zum Beispiel »Dino«).

2 Wiederholen Sie Schritt 1, dieses Mal fügen Sie die Präpositionen hinzu. Nachdem Ihr Kind also die Adjektive hinzugefügt hat, sagen Sie nun: »Wir hängen jetzt ein neues Wort an, das uns sagt, wie der Dino pustet.«

Der alte Dino pustet

Der alte Dino pustet auf

Der alte Dino pustet auf ___ Hut

Der alte Dino pustet auf den Hut

Der alte Dino pustet auf den Hut.

3 Wiederholen Sie die Schritte 1 und 2 und fügen Sie jetzt ein zweites Nomen hinzu. Nachdem Ihr Kind also die Präposition hinzugefügt hat, sagen Sie: »Wir hängen noch ein Wort an, das uns sagt, auf was oder wen der Dino pustet.« Lassen Sie aber zwischen Präposition und Nomen eine Lücke.

4 Wiederholen Sie die Schritte 1 bis 3, fügen Sie nun den zweiten Artikel hinzu. Nachdem Ihr Kind das zweite Nomen angehängt hat, begreift es vielleicht, wofür die Lücke ist. Wenn nicht, zeigen Sie auf das erste Nomen und den Artikel davor. Erinnern Sie Ihr Kind, dass ein »der«, »die« »das« oder, je nach Präposition, »dem«, »den« nötig ist.

5 Gehen Sie die Schritte noch einmal gemeinsam durch. Sie können einen Papierpunkt ans Ende setzen, dann ist der Satz komplett. Lassen Sie Ihr Kind nun aus weiteren Wörtern Sätze bilden.

Denken Sie daran, dass die Sätze in dieser Phase keinen Sinn ergeben müssen. Es geht darum zu begreifen, was »Satz« bedeutet.

25

EIN TAGEBUCH GESTALTEN

Ein Tagebuch zu gestalten, ist eine schöne Art, Kindern einen Begriff für Abfolgen zu vermitteln. Sie können sich dieses Kapitel für die Ferien aufheben, oder die Kinder notieren die Ereignisse einer normalen Woche.

Das wird gebraucht

- Skizzen- oder Malheft DIN-A4
- Kleber
- Schere
- Farbstifte
- Klebeband
- kleine Klarsichttüten

Los geht's

1 Schreiben Sie auf die erste Seite »Mein Tagebuch«. Wenn Ihr Kind alt genug ist, kann es das selbst übernehmen. Schreiben Sie Tag und Datum einer Woche oben auf je eine Seite.

2 Helfen Sie Ihrem Kind, jeden Tag etwas zu finden, das es ins Tagebuch legen kann. Das können Postkarten, Muscheln, Blätter, Federn, Blumen, Verpackungen, Tickets oder Fotos sein.

3 Animieren Sie Ihr Kind, den Gegenstand am selben Tag ins Tagebuch zu legen, an dem es ihn gefunden hat, damit es nicht vergisst, zu welchem Tag er gehört. Dinge wie Muscheln oder Federn stecken Sie in die Tütchen und kleben oder heften sie ein. Gab es nichts zu sammeln, kann Ihr Kind zeichnen, was es unternommen hat.

4 Ältere Kinder sollten ermuntert werden, 1, 2 Sätze zu schreiben. Wenn das Tagebuch fertig ist, schauen Sie es Tag für Tag gemeinsam mit Ihrem Kind durch, um zu sehen, ob es sich erinnert. Lassen Sie Ihrem Kind Zeit, sich die Bilder und Dinge in Ruhe anzusehen, bevor es etwas dazu sagt.

26

SELBST EIN BUCH KREIEREN

Der beste Weg, um zu begreifen, wie Geschichten aufgebaut sind, ist, selbst ein Buch zu kreieren. In dieser Übung nehmen wir uns die »Geschichte« des Lebenszyklus' eines Schmetterlings vor. Bevor Ihr Kind beginnt, sollte es mit dem Lebenszyklus eines Schmetterlings vertraut sein. Am schönsten ist es, ihn aus nächster Nähe zu beobachten. Raupeneier mit dem richtigen Futter und dem richtigen Behältnis dafür können Sie bestellen, so kann Ihr Kind den Verwandlungsprozess hautnah mitverfolgen. Wenn das nicht möglich ist, schauen Sie sich gemeinsam ein Buch an, in dem Ihr Kind die verschiedenen Stadien eines Schmetterlings sehen kann.

Das wird gebraucht

- **Buch über den Lebenszyklus eines Schmetterlings**
- **8 weiße DIN-A4-Blätter**
- **Lineal**
- **Bleistift**
- **Bunt- oder Filzstifte**
- **Locher**
- **Schnur oder Band**

Teilen Sie 1 Blatt mit Lineal und Bleistift in 6 gleich große Quadrate.

Los geht's

1. Sagen Sie Ihrem Kind, dass es nun selbst ein Buch über den Lebenszyklus eines Schmetterlings kreiert. Helfen Sie ihm, in jedes Quadrat 1 Phase zu malen.
2. Bitten Sie Ihr Kind, die Bilder auszumalen und auszuschneiden und jedes auf 1 Seite zu kleben.
3. Wenn Ihr Kind alt genug ist, ermuntern Sie es, 1, 2 Sätze zu jedem Bild zu schreiben.
4. Nehmen Sie 1 weiteres Blatt Papier für das Cover. Bitten Sie Ihr Kind, das Cover zu gestalten. Lochen Sie die Blätter und zeigen Sie Ihrem Kind, wie es daraus mit Faden oder Band ein Buch macht.

Lust auf mehr?

Eric Carles »Die kleine Raupe Nimmersatt« ist eine fiktionale Geschichte über den Lebenszyklus eines Schmetterlings. Die Raupe frisst sich durch diverse Lebensmittel, darunter sogar einen Lutscher und Käse. Ihr Kind kann das mit Lebensmitteln eigener Wahl abwandeln. Vielleicht mag es auch Löcher in sein Buch stanzen.

27

EINEN STAMMBAUM ERSTELLEN

Beim Erstellen eines Stammbaums lernt Ihr Kind, welchen Platz es in der Familie einnimmt. Zudem lernt es die Begriffe Vergangenheit, Gegenwart und Zukunft kennen.

Das wird gebraucht

- **1 großer Bogen farbiges Papier**
- **einige Blätter weißes Papier**
- **Kleber**
- **Buntstifte oder Fotos von Familienmitgliedern**

Los geht's

1. Bitten Sie Ihr Kind, auf das farbige Papier einen Baum zu malen, der die gesamte Seite ausfüllt. Erzählen Sie Ihrem Kind, dass es nun einen Stammbaum erstellen wird.
2. Bitten Sie Ihr Kind, auf 1 weißes Blatt alle Familienmitglieder zu zeichnen, oder Sie suchen gemeinsam Fotos aus.
3. Helfen Sie Ihrem Kind, diese ausgeschnittenen Zeichnungen oder die Fotos auf den Baum zu kleben, die Großeltern ganz oben, die Eltern in der Mitte und die Kinder unten. Vielleicht möchte es auch Tanten, Onkels und Cousinen und Cousins oder sogar Haustiere hinzufügen.
4. Bitten Sie Ihr Kind, oben auf das farbige Baumpapier »Meine Familie« zu schreiben. Es kann auch die Namen der Familienmitglieder dazuschreiben.

28

EIN BILDGEDICHT SCHREIBEN

Diese Übung ist ganz anders als das strukturierte Geschichtenschreiben und zeigt Ihrem Kind, wie viel Spaß Sprache machen kann. In einem Bildgedicht bilden die Worte die eigentliche Form des Themas des Gedichts. Jedes Thema ist denkbar. Hier einige Beispiele.

Schneckengedicht

Bitten Sie Ihr Kind, die Wörter eines Gedichts in der Form einer Spirale eines Schneckenhauses oder der Schleimspur einer Schnecke aneinanderzureihen. Regen Sie an, »S«- oder »Sch«-Wörter, wie »schleimig« oder »schläfrig«, zu verwenden.

Hat Ihr Kind das Thema seines Gedichts gewählt, lesen Sie ihm zur Anregung andere Gedichte zu diesem Thema vor. Helfen Sie ihm, seine Ideen aufzuschreiben und darüber nachzudenken, wie die Wörter passend zum Thema angeordnet werden sollen.

Meergedicht

Fordern Sie Ihr Kind auf, die Wörter so zu schreiben, dass sie wie Wellen aussehen, und Wörter mit »W« zu benutzen, wie »windig«, »wild« oder »Wasser«.

Mondgedicht

Bitten Sie Ihr Kind, ein Gedicht über einen Mond zu schreiben. Lassen Sie es dafür Wörter benutzen, die das Mondlicht beschreiben, und sie wie einen Halbmond anordnen.

Tiergedicht

Etwa über die Art der Fortbewegung eines Tieres, wie die eines hoppelnden Hasen.

29

SAG HALLO IN ANDEREN LÄNDERN

Gemäß Montessoris Beobachtung scheinen Kinder Sprachen geradezu aufzusaugen. Ich selbst kann von vielen zwei- oder dreisprachigen Kindern berichten, die mühelos zwischen den Sprachen wechseln. Wenn man Kindern eine fremde Sprache näherbringen will, beginnt man am besten mit einem einfachen »Hallo«.

Das wird gebraucht

- **Lieblingskuscheltier**
- **Atlas oder Globus**

Es ist hilfreich, Ihr Kind mit einem Atlas vertraut zu machen, damit es zuerst die Länder kennenlernt.

Lust auf mehr?

Finden Sie heraus, ob Ihr Kind in seinem Umkreis Kinder hat, die andere Sprachen sprechen, welche das sind und was in diesen Sprachen »Hallo« heißt.

Wenn Sie verreisen, bringen Sie Ihrem Kind mehr Grußformeln in der Fremdsprache bei als nur »Hallo«; eventuell auch Wörter für Farben oder Speisen. Oder lernen Sie zusammen ein Lied in der Fremdsprache.

Los geht's

1 Rufen Sie Ihr Kind zum »Sag Hallo«-Spielen.

2 Bitten Sie es, sein Lieblingskuscheltier mitzunehmen, das mitspielen darf, und einen Atlas.

3 Sagen Sie Ihrem Kind: »Wir tun so, als würden wir in den Ferien nach … fahren« (fügen Sie das Land ein, dessen Sprache Sie lernen wollen).

4 Zeigen Sie dem Kind im Atlas, wo dieses Land liegt.

5 Erzählen Sie Ihrem Kind, dass es mit seinem Kuscheltier in dieses Land fährt und wissen muss, wie man dort »Hallo« sagt.

6 Sagen Sie das Wort für »Hallo« in der entsprechenden Sprache und bitten Sie Ihr Kind, es für das Kuscheltier zu wiederholen.

30

DEN VERLORENEN BUCHSTABEN FINDEN

Bei dieser Übung geht es darum, den Mittellaut eines Wortes zu finden, was vielen Kindern schwerfällt. Bevor Sie diese Übung machen, sollte Ihr Kind schon einigermaßen sicher drei- und vierbuchstabige Wörter lesen können und damit begonnen haben, Buchstaben zu schreiben.

Das wird gebraucht

- **1 Blatt DIN-A4-Papier**
- **Bleistift**
- **Lineal**

Suchen Sie »lautgetreue Wörter« ohne Dehnungs-h und Doppellaute (Listen im Internet), etwa Ast, Bus, Hut, Wal, Esel, Hase, Rose, Zelt.

Beginnen Sie mit 5 Wörtern, beim nächsten Mal können Sie die Anzahl erhöhen.

Los geht's

1. Beginnen Sie mit einer horizontalen Linie quer über die Seite, die das untere Drittel abteilt.
2. Schreiben Sie in den unteren Abschnitt 6 bis 8 Wörter mit 3 Buchstaben in 2 Spalten (Hilfe finden Sie in der Anmerkung links).
3. Schreiben Sie dieselben Wörter noch einmal in großen Buchstaben in den oberen Teil, aber lassen Sie anstelle des mittleren Buchstabens jeweils eine Lücke.
4. Zeichnen Sie ein Kästchen um jeden Buchstaben, auch um die Lücken.
5. Fordern Sie Ihr Kind nun auf, die Wörter im unteren Drittel der Seite zu lesen.
6. Erklären Sie ihm, dass oben dieselben Wörter stehen, nur ist dort jeweils der mittlere Laut verloren gegangen.

7 Lesen Sie das erste Wort von unten zur Demonstration laut vor, suchen Sie oben danach und schreiben Sie den fehlenden Buchstaben in das leere Kästchen. Dann streichen Sie das Wort unten durch.

8 Geben Sie den Stift nun Ihrem Kind und bitten Sie es, den Rest der Wörter zu vervollständigen.

Lust auf mehr?

Erhöhen Sie die Länge der Wörter auf 4 Buchstaben.

Lassen Sie statt der Mittellaute die Endlaute weg.

Wählen Sie Wörter, denen derselbe Buchstabe an unterschiedlichen Positionen im Wort fehlt.

31

EIN SCHRIFTLICHES DANKESCHÖN VERFASSEN

Als ich Lehrerin war, forderte ich die Kinder am Ende jedes Tages auf, mindestens 5 Erlebnisse zu nennen, für die sie Danke sagen wollen. Das Ziel war dabei, den Kindern ein Bewusstsein und den Sinn für Dankbarkeit zu vermitteln, damit sie merken, was sie alles bekommen. Auch ein kleines schriftliches Dankeschön zu verfassen, stärkt dieses Bewusstsein.

Das wird gebraucht

- **1 Blatt DIN-A5-Papier**
- **Schmierpapier**
- **Briefumschlag**
- **Kamera**
- **Bleistift**
- **Lineal**
- **Bunt- oder Filzstifte (optional)**

Los geht's

1. Erinnern Sie Ihr Kind an ein Geschenk, das es etwa zum Geburtstag bekommen hat.
2. Machen Sie ein Foto Ihres Kindes mit dem Geschenk und drucken Sie es aus.
3. Schreiben Sie auf Schmierpapier ein paar Wörter auf, die Ihr Kind für sein schriftliches Dankeschön gebrauchen könnte, wie »Lieber«, »Danke«, »Geschenk«.
4. Sprechen Sie mit Ihrem Kind über die Dinge, die es gern in seinem Dankeschön schreiben möchte.
5. Zeichnen Sie auf das DIN-A5-Blatt horizontale Linien als Zeilen.
6. Lassen Sie oben Platz für das Foto und helfen Sie nun Ihrem Kind, sein schriftliches Dankeschön zu verfassen.
7. Bitten Sie Ihr Kind, den Namen der Person, der der Brief gilt, auf den Briefumschlag zu schreiben, und das DIN-A5-Papier einzulegen.

Nehmen Sie Ihr Kind mit in ein Schreibwarengeschäft und lassen Sie es das DIN-A5-Papier selbst aussuchen. So fühlt es sich stärker einbezogen.

Lust auf mehr?

Älteren Kindern kann man bei dieser Gelegenheit schon zeigen, wie man Adressen schreibt.

Ermuntern Sie ältere Kinder, beschreibende Wörter zu verwenden und zu sagen, warum sie das Geschenk schön finden.

32

KONSONANTENGRUPPEN EINFÜGEN

Beherrscht Ihr Kind die Buchstaben im Lautalphabet sicher, ist es Zeit, Konsonantengruppen einzuführen, bei denen 2 oder mehr Laute zusammen einen neuen Laut bilden, etwa »s«, »c« und »h« für »sch« oder »e« und »i« für »ei«. Das Deutsche kennt viele solcher Kombinationen. Die Kenntnis solcher Buchstabengruppen wird das Lesevermögen Ihres Kindes auf ein neues Niveau heben.

Das wird gebraucht

- **1 Blatt DIN-A4-Papier**
- **Bleistift**
- **Lineal**
- **3 ca. 5 cm große Quadrate aus Karton in einer beliebigen Farbe**

Bei jüngeren Kindern beginnen Sie mit 3 Wörtern und erhöhen dann auf bis zu 6.

Los geht's

1 Zeichnen Sie auf das Blatt in regelmäßigen Abständen horizontale Linien von etwa 8 cm Länge.

2 Schreiben Sie auf jede Zeile jeweils 1 Wortende, lassen Sie vor dem Wortende eine Lücke für 3 Buchstaben, etwa: ___af, ___al, ___ere, ___ule, ___irm, ___ild.

3 Legen Sie das Blatt, den Bleistift und die Kartonquadrate in die Tischmitte. Holen Sie Ihr Kind und sagen Sie: »Jetzt kennst du schon alle Laute aus dem Alphabet. Heute lernen wir, dass manchmal neue Laute entstehen, wenn man 2 oder 3 Buchstaben zusammenschreibt.«

4 Lassen Sie Ihr Kind auf ein Quadrat ein großes »S«, auf das zweite ein kleines »c« und auf das dritte ein »h« schreiben. Legen Sie die Quadratkarten nebeneinander und sprechen Sie: »Sch«. Legen Sie zur Betonung ihren Finger an die Lippen.

5 Legen Sie das Blatt vor Ihr Kind und sagen Sie: »Wir werden jetzt vor jede Buchstabengruppe ein ›Sch‹ schreiben, sodass Wörter entstehen, die mit ›Sch‹ beginnen.«

6 Bitten Sie Ihr Kind, bei jeder Buchstabengruppe ein »Sch« voranzustellen, und dann das Wort im Ganzen vorzulesen.

Lust auf mehr?

Beginnen Sie mit Konsonantengruppen am Wortanfang, dann nutzen Sie sie am Wortende und schließlich in der Mitte.

Hat Ihr Kind 3 oder mehr Konsonantengruppen gelernt, können Sie danach fragen, mit welcher Konsonantengruppe ein Wort beginnt.

33

REIMWÖRTER FINDEN

Reime zu bilden, hilft Kindern sehr dabei, zu begreifen, wie Sprache aufgebaut ist. Sie haben sicher beobachtet, dass Kinder das passende Reimwort in Kindergedichten oft spontan ergänzen können. Bei dieser Übung wird Ihr Kind mit dem Bau von Reimwörtern vertraut und kann später auch mit den gefundenen Reimwörtern Wortgruppen oder Sätze bilden.

Das wird gebraucht

- **1 Blatt DIN-A4-Papier**
- **Bleistift**
- **Lineal**

Los geht's

1 Legen Sie das Blatt quer und ziehen Sie eine horizontale Linie über die Seitenmitte.

2 Zeichnen Sie in der oberen Hälfte in gleichmäßigen Abständen 4 horizontale Linien von 5 cm Länge ein.

3 Schreiben Sie ans Ende jeder Zeile »est«.

Lust auf mehr?

Liest Ihr Kind die 4 Wörter sicher, bitten Sie es, sich Reimwörter auszudenken, die mit »ach« enden. Dann kann es versuchen, mit diesen Wörtern einen Satz zu bilden.

Wiederholen Sie diese Übung mit weiteren, anders zusammengesetzten Reimwörtern.

4 Schreiben Sie in der unteren Hälfte der Seite mit Abstand die Buchstaben: »N«, »F«, »R«, »T«.

5 Rufen Sie Ihr Kind zum Tisch und bitten Sie es, die Buchstabenkombination im oberen Teil zu lesen.

6 Nun lenken Sie seine Aufmerksamkeit zu den Buchstaben unten. Ihr Kind soll sich einen aussuchen und ihn vor das erste »est« schreiben. Genauso soll es mit den anderen Buchstaben verfahren.

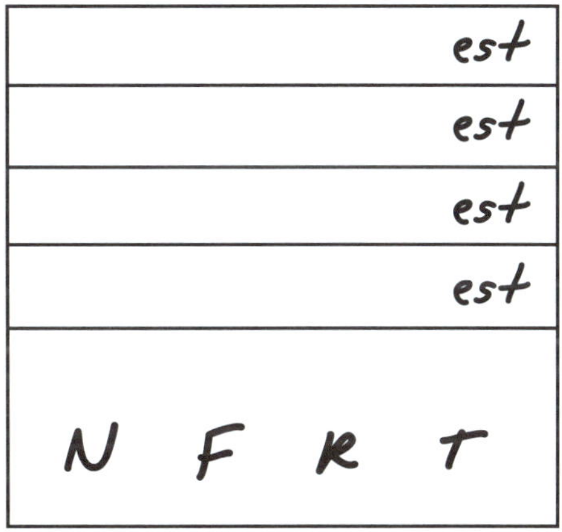

Es könnte hilfreich sein, wenn Ihr Kind Bilder zu den Wörtern malt.

34

GEGENSÄTZE VERSTEHEN

Gegensätze spielen in der Sprache eine große Rolle, etwa schwarz und weiß, weit und eng, weich und hart, hoch und tief, auf und ab. Mithilfe von Gegensätzen lässt sich der Wortschatz von Kindern gut erweitern. Haben sie das Prinzip einmal verstanden, können Sie auch feinere Abstufungen einführen, wie heiß, heißer, am heißesten. Für diese Übung wähle ich das Gegensatzpaar groß und klein, Sie können aber beliebig andere Paare wählen.

Das wird gebraucht

- **8 bis 10 große und kleine Gegenstände**
- **Tablett**
- **2 Schnüre à 1 Meter Länge**

Für kleinere Kinder beginnen Sie mit weniger Gegenständen.

Los geht's

1. Bitten Sie Ihr Kind zu sich, um »Gegensätze« zu finden.
2. Fordern Sie es auf, die Gegenstände auf das Tablett zu legen.
3. Bitten Sie es, das Tablett vor sich in die Tischmitte zu stellen und rechts und links davon jeweils 1 Kreis aus den beiden Schnüren zu legen.
4. Erklären Sie, dass es kleine Gegenstände finden und diese in den rechten Kreis legen soll; die großen Gegenstände dann in den linken Kreis.

5 Zeigen Sie mit 2, 3 Gegenständen, was gemeint ist, dann soll das Kind weitermachen.

6 Legen Sie alle Gegenstände auf das Tablett zurück, dann kann Ihr Kind die ganze Übung allein ausführen.

Lust auf mehr?

Hat Ihr Kind das Prinzip von »groß« und »klein« erfasst, führen Sie andere Begriffe ein, die dasselbe beschreiben, wie winzig, mini, riesig oder enorm.

Oder bitten Sie Ihr Kind, die Gegenstände vom Kleinen zum Kleinsten und vom Großen zum Größten zu sortieren.

Eine schöne Art, Gegensätze einzuführen, sind Kinderlieder, zum Beispiel das Lied »Das ist gerade, das ist schief«.

2

SPASS MIT ZAHLEN

Da Mathematik abstrakt ist, muss sie nach Montessori so konkret wie möglich vermittelt werden, um sie für Kinder begreifbar zu machen. Die Übungen in diesem Kapitel folgen diesem Konzept. Sie beginnen mit konkreten Beispielen und werden nach und nach abstrakter. Eltern sind oft überrascht, wie spannend Kinder Zahlen finden. Kinder betrachten mathematische Aufgaben als eine Art Zaubersprüche und finden 2 + 2 = 4 beruhigend, weil es immer vier ergibt. Einige Zahlenspiele in diesem Kapitel werden Ihr Kind so beschäftigen, dass es gar nicht merkt, dass es Mathe lernt.

35

PRÄPOSITIONENBEFEHLE

Überlegen Sie einmal, wie oft Sie Präpositionen verwenden (auf, unter, mit, bei usw.), wenn Sie mit Ihrem Kind sprechen, etwa »Dein Mantel hängt am Haken neben …« Präpositionen sind ein wesentlicher Bestandteil des Wortschatzes Ihres Kindes. In dieser Übung werden sie eingeführt und Ihr Kind wird mit großem Vergnügen die »Lehrer«-Rolle übernehmen. Präpositionen werden sowohl in der Sprache als auch in der Mathematik verwendet, wo sie räumliche Positionen beschreiben.

Das wird gebraucht

- **Kuscheltier**
- **Stuhl oder Tisch**

Los geht's

1 Bitten Sie Ihr Kind, ein Kuscheltier zu holen.

2 Erklären Sie, dass Sie Ihrem Kind ein neues Spiel zeigen möchten, bei dem es sehr gut zuhören muss.

3 Bitten Sie Ihr Kind, das Kuscheltier *unter* den Stuhl oder Tisch zu legen, danach *auf* den Tisch oder Stuhl. Betonen Sie »unter« und »auf«. Lassen Sie beides von Ihrem Kind wiederholen.

4 Machen Sie in dieser Weise mit anderen Präpositionen weiter, beispielsweise mit »in«, »zwischen«, »neben«, »gegenüber«, »vor« oder »hinter«.

5 Wenn das Kind die Präpositionen beherrscht, tauschen Sie die Rollen. Nun gibt Ihr Kind die Anweisungen, wohin das Kuscheltier gelegt werden soll.

Bei jüngeren Kindern können Sie die Präpositionen mit einem Spiel einführen. Nehmen Sie dafür Ihre Hände auf den Kopf, unter die Knie, neben die Oberschenkel usw. Ihr Kind soll Sie nachahmen.

Lust auf mehr?

Holen Sie ein zweites Kuscheltier, geben Sie Ihre Anweisungen und fordern Sie Ihr Kind dann auf zu vergleichen: Welches Tier ist *zwischen* Stuhl und Tisch, welches *neben* Stuhl oder Tisch?

36

GRUPPEN ZUORDNEN

Dies ist eine leichte Übung, bei der Gegenstände in passende Gruppen sortiert werden sollen. Hat Ihr Kind das Prinzip verstanden, können Sie Gegenstände auch nach Farbe, Form oder Größe ordnen lassen.

Das wird gebraucht

- **4 Sets kleiner Gegenstände (z. B. jeweils 1 Set Stifte, Fädelperlen, Knöpfe, Wäscheklammern)**
- **Körbchen oder Schachtel für die Gegenstände**
- **4 ca. 50 cm lange Schnüre**

Los geht's

1. Bitten Sie Ihr Kind, das Körbchen zu einem Platz auf dem Teppich oder zum Tisch zu bringen und sich neben Sie zu setzen. Stellen Sie das Körbchen vor Ihr Kind und fragen Sie es, welche Gegenstände sich im Körbchen befinden. Erklären Sie, dass die Gegenstände durcheinander liegen und sortiert werden müssen.
2. Legen Sie aus den Schnüren Kreise neben dem Körbchen und legen Sie aus jeder Gruppe 1 Gegenstand in jeweils 1 Kreis.
3. Bitten Sie Ihr Kind, den Rest der Gegenstände nach Gruppen geordnet in die Kreise zu sortieren.

37

ZÄHLEN LERNEN VON 1 BIS 10

In der Montessori-Pädagogik werden Zahlenstangen genutzt, um die Menge zu vermitteln, die eine Zahl bedeutet. Im Kasten »Lust auf mehr?« werden die Zahlen durch das Erfassen der Größe einer Menge vertieft. Bitte beachten Sie, dass sich hier mit zunehmendem Fortschritt die Fragestellung ändert. Das hilft Ihrem Kind, das Prinzip einer Menge besser zu verstehen.

Das wird gebraucht

- **numerische Stangen (siehe Arbeitsblatt 5)**
- **1 Blatt DIN-A3-Papier**
- **großer Bogen fester Karton**
- **Tablett**

Kopieren und vergrößern Sie das Arbeitsblatt auf DIN-A3-Größe. Malen Sie die Abschnitte blau und rot aus. Beginnen Sie bei der Stange mit nur 1 Abschnitt mit Blau, die zweite Stange mit 2 Abschnitten malen Sie blau und rot aus, die dritte blau, rot, blau usw. Schneiden Sie die Stangen aus, kleben Sie sie auf den Karton und schneiden Sie die so verstärkten Stangen noch einmal aus.

Achten Sie darauf, dass Ihr Kind auf die Stange zeigt und die Zahl laut ausspricht.

Wenn Ihr Kind sich nicht erinnern kann, wie die Zahl heißt, kehren Sie zu einem früheren Schritt zurück.

Los geht's

1. Legen Sie Stange 1 und 2 auf das Tablett und bitten Sie Ihr Kind, das Tablett zum Tisch zu bringen.
2. Nehmen Sie Stange 1 und legen Sie sie vor Ihr Kind. Zeigen Sie mit dem Finger darauf und sagen Sie: »Das ist die 2.« Wiederholen Sie dasselbe mit Stange 2. Bitten Sie Ihr Kind jeweils, die Zahlen nachzusprechen. Wiederholen Sie das zweimal mit beiden Stangen.

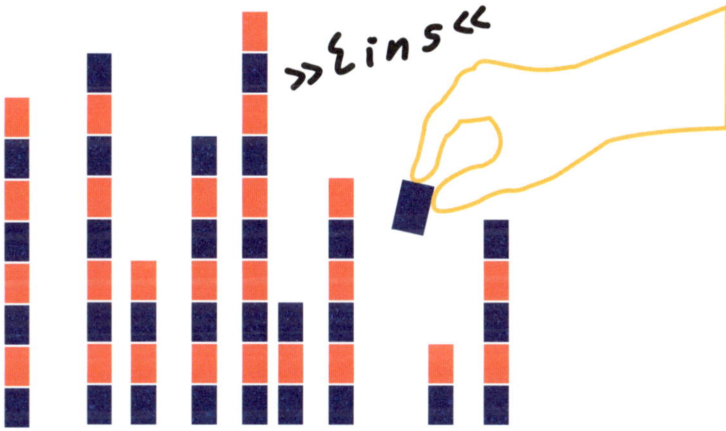

3 Legen Sie dann beide Stangen vor Ihr Kind und fragen Sie es: »Kannst du auf die 1 deuten?« Bitten Sie, mit dem Finger darauf zu zeigen. Wiederholen Sie dies dann mit der 2. Nun tauschen Sie die Stangen und wiederholen die Schritte; jetzt aber sagen Sie: »Zeig mir …« Beim dritten Mal fragen Sie: »Welches ist die …?«

4 Legen Sie die Stangen vor Ihr Kind und legen Sie den Finger auf Stange 1. Fragen Sie: »Was ist das?« Das Kind antwortet: »Die Eins.« Legen Sie nun den Finger auf Stange 2 und fragen Sie: »Was ist das?« Die Antwort lautet: »Die 2.«

5 Fordern Sie Ihr Kind auf, die Stangen zu zählen: »1, 2.«

6 Tauschen Sie die Stangen und wiederholen Sie die Schritte noch zweimal.

Lust auf mehr?

Vermitteln Sie auf dieselbe Weise die Zahlen bis 10. Zunächst die Zahlen 3, 4 und 5, dann 6, 7 und 8, schließlich 9 und 10. Wiederholen Sie jedes Mal die Zahlen aus der vorherigen Übung.

Wenn Ihr Kind beginnt, Zahlengrößen zu erfassen, beginnen Sie damit, Mengen von Gegenständen zu zählen. (Sie können dazu die Gegenstände aus der vorherigen Übung verwenden.) Fragen Sie: »In welcher Gruppe sind die meisten Gegenstände?« — »In welcher sind die wenigsten?« — und »Wo sind gleich viele Gegenstände?«

38

ZAHLEN ÜBER 10

In der Montessori-Pädagogik werden die Zahlen über 10 mithilfe von Perlenstäben eingeführt: ein goldfarbener 10er-Stab und Perlenstäbe von 1 bis 9 in festgelegten Farben. In dieser Übung werden die Perlen für den 10er-Stab auf einen Pfeifenputzer gefädelt, die Einerperlen sind lose. Wie bei den vorigen Zahlenübungen werden zuerst die Mengen, dann die Ziffern eingeführt.

Das wird gebraucht

- **Pfeifenputzer**
- **10 Perlen einer Farbe, die auf den Pfeifenputzer passen**
- **10 verschiedenfarbige Perlen (oder Knöpfe) zur Darstellung der Einer**
- **Behälter für die Perlen**

Los geht's

1 Legen Sie den Pfeifenputzer in die Tischmitte und den Behälter mit den Perlen links daneben.

2 Bitten Sie Ihr Kind zu sich und erklären Sie, dass Sie nun die Zahlen über 10 erkunden wollen.

3 Bitten Sie Ihr Kind, die 10 gleichfarbigen Perlen auf den Pfeifenputzer zu fädeln und in die Mitte zu legen. Erklären Sie, dass dieser Perlenstab eine 10 darstellt.

4 Bitten Sie Ihr Kind, zur Erinnerung laut von 10 bis 15 zu zählen.

5 Fragen Sie nun, welche Zahl nach 10 kommt. Die Antwort lautet hoffentlich: 11.

6 Bitten Sie Ihr Kind, eine Perle rechts neben den 10er-Stab zu legen, und erklären Sie, dass 10 plus 1 die Zahl 11 ergibt. Wiederholen Sie die Schritte 5 und 6 für die Zahlen 12 bis 15, indem Sie jedes Mal eine weitere Perle dazulegen lassen. Behandeln Sie die Zahlen 16 bis 20 ein anderes Mal.

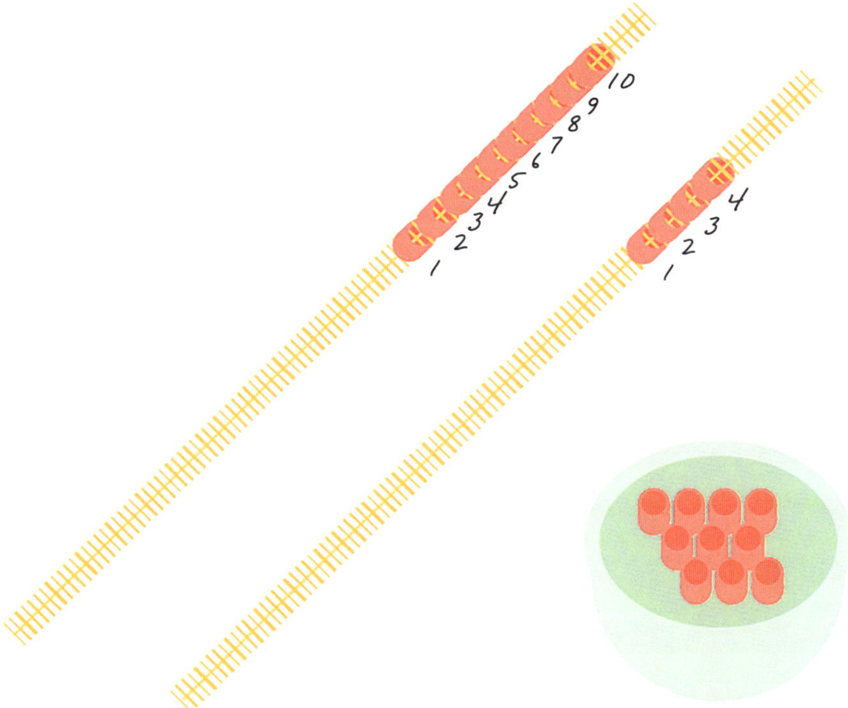

Für jüngere Kinder oder Kinder, die noch unsicher sind, sollten Sie immer nur 3 Zahlen auf einmal einführen. Wiederholen Sie stets die vorherigen Zahlen, bevor Sie die nächsten einführen.

Lust auf mehr?

Beherrscht Ihr Kind die Zahlenmengen von 11 bis 20, können Sie ihm mithilfe von Zahlenkarten (siehe S. 100) die Ziffern beibringen. Führen Sie die gleichen Schritte mit der 10er-Karte links und 1er-Karten rechts aus.

Machen Sie die gleichen Übungen wie bei den Zahlen 1 bis 10.

39

ZAHLEN AN DIE LEINE HÄNGEN

Diese Übung vertieft das Prinzip der Mengen über 10. Sie müssen dazu viele kleine Gegenstände sammeln. Am besten, Sie beziehen Ihr Kind beim »Zählen« der Gegenstände mit ein. Suchen Sie bevorzugte Objekte Ihres Kindes aus, die es gerne quer über den Raum hängen wird.

Das wird gebraucht

- **10 Klarsichttüten**
- **10 Wäscheklammern**
- **Sammlung von Gegenständen, gruppiert in Mengen von 1 bis 10, z. B. 1 kleiner Teddybär, 2 Spielzeugautos, 3 Federn, 4 Muscheln**
- **Schnur, die sich über den Raum spannen lässt**
- **Tablett**

Los geht's

1. Legen Sie die Gegenstände, Tüten und Wäscheklammern auf das Tablett und bitten Sie Ihr Kind, es zum Tisch zu bringen. Es soll sich einen Platz mit guter Sicht suchen.
2. Sagen Sie Ihrem Kind, dass es eine Zahlenleine von 1 bis 10 macht.
3. Bitten Sie es, die Gegenstände in Gruppen zu sortieren. Zuerst soll es die Gruppe mit nur 1 Gegenstand finden und in eine Tüte stecken. Zeigen Sie, wie man die Tüte oben verdrillt und mit einer Klammer verschließt. Legen Sie die Tüte auf den Tisch.

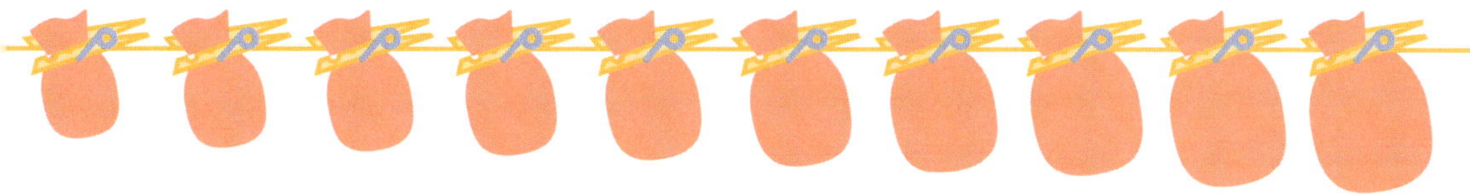

4 Fragen Sie nun, welche Zahl nach 1 kommt. (Wenn es Ihrem Kind nicht einfällt, geben Sie ihm 2 beliebige Gegenstände zum Zählen, um ihm auf die Sprünge zu helfen.)

5 Bitte Sie Ihr Kind jetzt, die 2er-Gruppe zu finden, sie in eine Tüte zu stecken und zu verschließen. Wiederholen Sie dies mit dem Rest bis zur 10er-Gruppe.

6 Nun sagen Sie Ihrem Kind, dass es die Tüten an die Zahlenleine hängen soll. Legen Sie die Tüten zurück auf das Tablett und bitten Sie Ihr Kind, es zur aufgespannten Leine zu bringen. Nun soll es Ihnen die Tüte mit nur *einem* Gegenstand reichen, die Sie links an die Leine hängen. Dann die Tüte mit 2 Gegenständen usw., bis die gefüllten Tüten von 1 bis 10 in einer Reihe hängen.

Spannen Sie die Leine so, dass Ihr Kind die Gegenstände gut sehen kann, sie aber nicht zu einem Hindernis wird.

Verwenden Sie große Tüten, damit die Gegenstände hineinpassen.

40

DIE ZIFFERNFOLGE VERTIEFEN

Mit dieser Übung wird die Kenntnis der Ziffern, also der Zahlenzeichen von 0 bis 10, und ihre Reihenfolge vertieft. Die Übung zeigt auch, wie sicher Ihr Kind auf diesen Gebieten bereits ist. Zudem übt Ihr Kind die Verwendung der Begriffe »davor« und »danach«.

Das wird gebraucht

- **1 großer Bogen Karton**
- **schwarzer Filzstift**
- **Schere**

Beginnen Sie bei kleineren Kindern mit den Ziffern bis 5, die Ziffern bis 10 können Sie dann in einer späteren Phase einführen.

Los geht's

1 Schreiben Sie die Ziffern von 0 bis 10 mit genug Abstand voneinander auf den Karton, um sie dann als Quadrate auszuschneiden.

2 Bitten Sie Ihr Kind, diese Zahlenkarten zum Tisch zu bringen. Legen Sie die Zahlen der Abfolge nach von links nach rechts vor Ihr Kind in 1 Reihe.

3 Zeigen Sie auf eine Zahl und fragen Sie Ihr Kind, welche Zahl das ist. Dann fragen Sie nach der Zahl davor und der danach.

Schreiben Sie die Ziffern 0 bis 10 auf einen Karton mit genug Abstand zueinander, um sie als Quadrate auszuschneiden.

4 Wiederholen Sie dies einige Male, bis alle Zahlen an der Reihe waren. Sie können auch Fragen stellen wie: »Welche Zahl ist größer: 8 oder 10?« Oder: »Welches ist die kleinere Zahl: 3 oder 4?«

Lust auf mehr?

Beherrscht Ihr Kind die Zahlenfolge, wiederholen Sie das Spiel, drehen Sie aber dieses Mal die Zahl vor und die nach der gesuchten Zahl um, damit Ihr Kind sie nicht als Hinweise nutzen kann. Wenn es geantwortet hat, kann es auf der Rückseite der verdeckten Zahlen nachsehen, ob seine Antwort richtig war.

Legen Sie die Zahlen von links nach rechts in numerischer Folge in eine Reihe. Nehmen Sie 3 Zahlen weg und drehen Sie sie um. Bitten Sie Ihr Kind, 1 Karte von den dreien wieder umzudrehen und ihren richtigen Platz in der Reihe zu suchen. Wiederholen Sie dies mit den beiden anderen Karten. Wenn Ihr Kind sicherer wird, können Sie mehr Zahlen aus der Reihe entnehmen.

41

ZIFFERN IN SALZ NACHSPUREN

Montessori beobachtete, dass Kinder unter 7 Jahren eine erhöhte Sinneswahrnehmung haben, das gilt insbesondere für den Tastsinn. Die Übung, mit den Fingern Ziffern in Salz nachzuspuren, macht sich das zunutze. Diese Methode hat auch den Vorteil, dass Ihr Kind die Ziffer leicht wegwischen und erneut versuchen kann, sie zu zeichnen.

Das wird gebraucht

- **kleines Backblech (ca. DIN-A4-Format ist ideal)**
- **flaches Tablett, größer als das Backblech**
- **Salz**
- **1 Set Zahlenkarten 0 bis 10 (siehe S. 100)**
- **Tablett**

Los geht's

1. Legen Sie das Backblech auf das Tablett, um das Salz aufzufangen, das über den Rand rieselt. Füllen Sie das Blech dann mit einer dünnen Schicht Salz.
2. Stellen Sie das Tablett in die Tischmitte, legen Sie links daneben die Zahlenkarten.
3. Bitten Sie Ihr Kind zum Tisch und erklären Sie ihm, dass es Ziffern in das Salz zeichnen darf.
4. Bitten Sie Ihr Kind, sich von den Karten 1 Zahl auszusuchen und auf das Tablett zu legen.
5. Fordern Sie es auf, diese Ziffer im Salz nachzuspuren. Lassen Sie es die Zahl mindestens dreimal zeichnen.
6. Bitten Sie es dann, die Karte beiseitezulegen und sich eine andere auszusuchen. Pro Sitzung können Sie 3 bis 5 Ziffern zeichnen lassen.

Für kleinere Kinder genügen 2 bis 3 Ziffern pro Sitzung. Achten Sie darauf, die bereits geübten Ziffern zu Beginn der nächsten Übung zu wiederholen.

Lust auf mehr?

Wenn Ihr Kind dazu bereit ist, können Sie die gleiche Methode für zweistellige Ziffern nutzen.

42

WEITERE SPIELE MIT ZAHLENFOLGEN

Kinder lernen durch Wiederholung, und ich finde, »weniger Aufgaben, aber häufigere Sitzungen« ist die beste Methode. Ganz sicher gilt dies für das Lernen der Zahlenfolge. Nach dem Montessori-Konzept startet man in dieser Übung mit Mengen — unter Benutzung von Dominosteinen. Sobald das Kind sie beherrscht, wechselt man zu Ziffern; danach wird beides kombiniert.

Das wird gebraucht

- **Dominosteine**

Bei jüngeren Kindern beginnt man mit einer kürzeren Folge bis 6, später bis 10.

Los geht's

1 Legen Sie die Dominosteine von links nach rechts in die richtige Reihenfolge von 1 bis 10.

2 Nehmen Sie nun die Vielfachen von 2 weg (2, 4, 6, 8, 10) und legen Sie sie beliebig links neben die geordneten Dominosteine.

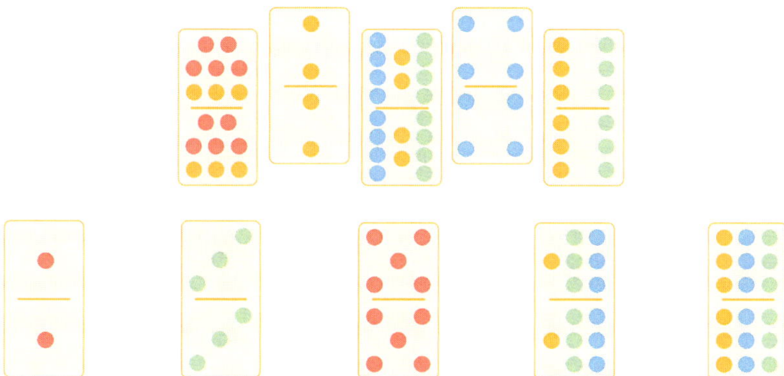

3 Erklären Sie jetzt Ihrem Kind, dass es die Zahlenfolge wieder mit den fehlenden Dominosteinen ergänzen soll.

4 Bitten Sie Ihr Kind, die Punkte der Dominosteine in der Reihe zu zählen, beginnend mit der 1, dann der 3 ...: Es sollte merken, dass die 2 fehlt.

5 Hat es das gemerkt, bitten Sie es, die 2 zu suchen und auf den richtigen Platz in der Reihenfolge zu legen.

6 Wiederholen Sie Schritt 4 und 5 für die fehlenden Ziffern 4, 6, 8 und 10, bis die Zahlenfolge komplett ist.

Lust auf mehr?

Wiederholen Sie die Übung, doch dieses Mal mit den Vielfachen von 3, und noch einmal mit beliebigen Zahlen.

Ist Ihr Kind mit den Zahlen vertraut, können Sie über 10 hinausgehen.

43

MEHR ALS, WENIGER ALS

Die meisten Kinder begreifen das Prinzip von »mehr als« besonders gut in Bezug auf Essen. In Mathe ist das Konzept von »mehr als, weniger als« für Kinder eine hervorragende Vorbereitung auf kniffligere Mathematikaufgaben wie Addition und Subtraktion. Diese Übung beginnt mit Mengen und wird dann auf Ziffern ausgeweitet.

Das wird gebraucht

- **10 bis 20 kleine Gegenstände, z. B. Knöpfe, Spielsteine, Wäscheklammern**
- **Tablett oder Behälter**

Wählen Sie Zahlen zwischen 1 und 10, für kleinere Kinder zwischen 1 und 6.

Lassen Sie sich nicht dazu verleiten, »mehr als« und »weniger als« zugleich einzuführen.

Los geht's

1. Legen Sie die Gegenstände auf das Tablett (beziehungsweise den Behälter) und bitten Sie Ihr Kind, es zum Tisch zu tragen.
2. Erklären Sie ihm, dass Sie nun über die Vorstellung von »mehr als« nachdenken.
3. Bitten Sie Ihr Kind, eine beliebige Anzahl Gegenstände abzuzählen (weniger als fünf) und in 1 Reihe zu legen.
4. Bitten Sie es, nun 1 Zahl zu wählen, die größer ist als die zuvor gewählte (kleiner als 10). Dann darf es diese Anzahl an Gegenständen abzählen und in die zweite Reihe legen.
5. Erklären Sie, dass in der zweiten Reihe mehr Gegenstände liegen als in der ersten, beispielsweise: »Du hast 3 und dann 7 ausgesucht, und 7 sind mehr als 3.«

6 Räumen Sie die Gegenstände vom Tablett ab und wiederholen Sie die Übung mit anderen Zahlen. Jetzt soll Ihr Kind laut sagen: »Ich wähle …«

7 Hat Ihr Kind das Prinzip von »mehr als« verstanden, führen Sie »weniger als« ein. Diesmal starten Sie mit einer Zahl größer als 5 in der ersten Reihe, dann folgt die Zahl kleiner als 5 in der zweiten.

Lust auf mehr?

Machen Sie die Übung mit Dominosteinen.

Hat Ihr Kind das Prinzip mit Mengen verstanden, wechseln Sie zu den Ziffernn. Verwenden Sie dafür einen Zahlenstrahl oder ein Lineal.

Verwenden Sie nun andere Wörter für »mehr als« oder »weniger als«, etwa »größer als« und »kleiner als«.

44

MUSTER ENTWERFEN

Muster zu erkennen und zu entwerfen, schafft eine hervorragende Grundlage für die Entwicklung mathematischer Fähigkeiten wie Reihenbildung oder komplexere Zahlenoperationen. Bei dieser Übung können 2 bis 4 zusammengehörige Formen inklusive der passenden Farben verwendet werden.

Das wird gebraucht

- **Farbmuster**
- **Schere**
- **1 Blatt DIN-A4-Papier**
- **Klebestift**
- **Bleistift**
- **Lineal**

Los geht's

1 Schneiden Sie aus den Farbmustern Kreise, Quadrate, Rechtecke und Dreiecke aus.

2 Legen Sie das DIN-A4-Papier hochkant vor sich und verteilen Sie die ausgeschnittenen Formen links davon. Zeichnen Sie als Richtschnur für die Muster eine horizontale Linie von etwa 18 cm Länge oben über die Seite.

3 Erklären Sie Ihrem Kind, dass es mit 2 Formen seiner Wahl ein Muster legen soll.

4 Bitten Sie es, sich 2 unterschiedliche Formen auszusuchen, und zeigen Sie Ihrem Kind, wo diese am Anfang der Linie platziert werden sollen.

5 Bitten Sie Ihr Kind, das Muster bis ans Ende der Zeile fortzuführen und die Formen anzukleben.

6 Zeichnen Sie dann eine weitere Linie unter die erste. Bitten Sie Ihr Kind erneut, 2 unterschiedliche Formen auszusuchen und das Muster in gleicher Weise fortzuführen, ohne es ihm vorher zu zeigen. Ihr Kind kann ein drittes Muster legen, wenn es möchte. Am Ende der Übung fragen Sie Ihr Kind, was ein Muster ist.

Lust auf mehr?

Legen Sie ein Muster aus 3 oder 4 verschiedenen Formen.

Legen Sie ein Muster mit unterschiedlichen Formen und Farben.

Fragen Sie Ihr Kind, ob es zu Hause oder draußen Muster erkennt.

Zeigen Sie jüngeren Kindern an einer Halskette mit unterschiedlichen Perlen, was ein Muster ist.

Sie können Ihr Kind auch bitten, Ihnen beim Ausschneiden der Formen zu helfen.

45

FINDE EINE FORM

Kinder lieben Versteckspiele. In diesem Spiel werden Formen versteckt und Ihr Kind muss sie finden. Beginnend mit Grundformen kann dieses Spiel um immer komplexere Formen erweitert werden.

Das wird gebraucht

- **4 Bögen farbiger Karton oder farbiges Papier**
- **Bleistift**
- **Lineal**
- **Schere**

Los geht's

1. Zeichnen Sie auf den Karton oder das Blatt einige Formen wie Kreise, Quadrate und Rechtecke.
2. Schneiden Sie die Formen aus und verstecken Sie sie im Zimmer.
3. Fordern Sie Ihr Kind auf, sie zu suchen und Ihnen zu bringen.
4. Fragen Sie bei jeder Form, die es gefunden hat, nach dem Namen der Form, und bitten Sie Ihr Kind, zu erklären, woran es die Form erkannt hat. Zum Beispiel: »Ich habe ein Dreieck gefunden. Ich weiß, dass das ein Dreieck ist, weil es 3 Ecken hat.«

Lust auf mehr?

Beherrscht Ihr Kind die Suche nach Kreisen, Quadraten und Rechtecken, führen Sie Formen wie Fünfecke, Sechsecke und Achtecke ein.

Hat Ihr Kind eine Form gefunden, bitten Sie es, sie zu beschreiben, etwa: »Ich habe ein kleines blaues Sechseck gefunden.«

Ermuntern Sie Ihr Kind, in Ihrem Haus und draußen nach Formen Ausschau zu halten.

46

AUS FORMEN BILDER LEGEN

Kindern beizubringen, unterschiedliche Formen zu erkennen, bildet die Grundlage für ihre Entwicklung sowohl in der Sprache als auch in der Mathematik. Es versetzt die Kinder in die Lage, zu vergleichen, zu sortieren und zu kategorisieren. Zusätzlich unterstützt es die Fähigkeit, Buchstaben und Ziffern zu erkennen.

Das wird gebraucht

- **20 Farbmuster in verschiedenen Farben**
- **Schere**
- **1 Blatt DIN-A4-Papier**
- **Klebestift**
- **Lineal**

Los geht's

1. Schneiden Sie zuerst eine Auswahl an Formen aus den Farbmustern aus, unter anderem Kreise, Dreiecke, Quadrate, Rechtecke, Rauten, Fünf- und Sechsecke.
2. Legen Sie 1 Blatt Papier hochkant oder quer auf den Tisch, und die Formen und den Klebestift links daneben.

3 Ermuntern Sie Ihr Kind, zu versuchen, aus den Formen ein Bild zu legen.

4 Lassen Sie es mit den Formen ein wenig experimentieren. Wenn ihm ein Bild gefällt, kann es die Bildformen auf das Papier kleben.

Lust auf mehr?

Ist Ihr Kind mit diesem Spiel vertraut, schlagen Sie ihm vor, ein Bild mit einem bestimmten Muster zu gestalten, zum Beispiel die Blütenblätter einer Blume.

Diese Übung hilft Ihrem Kind auch beim Puzzeln.

Kleineren Kindern fehlen vielleicht Ideen. Hier einige Vorschläge: Fisch, Schirme im Regen, Vögel mit Dreiecken als Federn, eine Reihe Blumen, ein Haus.

47

FORMEN BASTELN

Der beste Weg für Ihr Kind, die Eigenschaften von Formen zu begreifen, ist, sie selbst herzustellen und zu konstruieren. Beim Selbermachen lernt es, dass ein Quadrat 4 gleiche Seiten und ein Dreieck 3 Seiten hat. Ich habe diese Übung so angepasst, dass sie sowohl Kinder machen können, die beim Erkennen der Formen Hilfe benötigen, als auch Kinder, die die Formen bereits beherrschen.

Das wird gebraucht

- **Cocktailspieße**
- **Spielknete oder Modelliermasse**
- **Tablett**

Los geht's

1. Legen Sie die Cocktailspieße und die Knete auf ein Tablett, und bitten Sie Ihr Kind, es zum Tisch zu bringen.
2. Erklären Sie, dass nun 2-D-Formen mit Cocktailspießen und Knete gebastelt werden.

Cocktailspieße können spitz sein. Bitten Sie Ihr Kind, vorsichtig zu sein und nie einen Spieß in die Nähe der Augen zu bringen. Kleinere Kinder sollten bei dieser Übung durchgehend beaufsichtigt werden.

3 Fragen Sie Ihr Kind, ob ihm eine Form mit 3 Seiten einfällt. Wenn es »Dreieck« antwortet, fragen Sie nach, wie viele Spieße wohl für ein Dreieck gebraucht werden.

4 Antwortet es »3«, bitten Sie es, 3 Spieße zu nehmen und sie in Form eines Dreiecks auf das Tablett zu legen.

5 Fordern Sie es nun auf, das Dreieck mit kleinen Kugeln aus Knete zu verbinden.

6 Wiederholen Sie Schritt 3 bis 5, erst mit einem Viereck, dann mit einem Rechteck.

Lust auf mehr?

Basteln Sie komplexere Formen wie Sechsecke oder Fünfecke. Bauen Sie 3-D-Formen, zum Beispiel eine Pyramide.

Schreiben Sie die Namen der Formen einzeln auf Papierstreifen. Helfen Sie Ihrem Kind, sie zu lesen, und legen Sie die Streifen zu den Formen, die es gebastelt hat.

Gehen Sie auf Formenjagd: Helfen Sie Ihrem Kind, den Namen auf einem Papierstreifen zu lesen, dann darf es im Zimmer nach der Form suchen und den Streifen dort anbringen. Kleinere Kinder fragen Sie nur, ob sie eine bestimmte Form finden.

48

ZAHLENFÄCHER BENUTZEN

Ein Zahlenfächer ist leicht zu basteln und ein schönes Werkzeug zur Vertiefung mathematischer Begriffe, vom Erkennen von Ziffern über das Bilden einer Reihenfolge bis hin zu »größer als« und »kleiner als«.

Das wird gebraucht

- **2 DIN-A4-Blätter oder weißer Karton**
- **Bleistift**
- **Schere**
- **Zahlenreihe bis 10 oder Lineal**
- **schwarzer Filzstift**
- **Locher**
- **Schlüsselring**

Los geht's

1 Kopieren Sie die Abbildung auf der rechten Seite und zeichnen Sie die etwa 10 cm lange Tropfenform auf den Karton. Schneiden Sie sie aus und verwenden Sie sie als Vorlage für 9 weitere Tropfen. Schneiden Sie insgesamt 10 Tropfen aus.

2 Bitten Sie Ihr Kind, mithilfe der Zahlenreihe als Vorlage die Ziffern 0 bis 9 groß jeweils auf die breiteste Stelle eines Tropfens zu schreiben.

3 Zeichnen Sie die Zahlen mit schwarzem Filzstift nach und stanzen Sie ein einzelnes Loch an der schmalen Seite jedes Tropfens aus.

Achten Sie darauf, dass die Ziffern groß geschrieben sind. Sie können eine Ziffer als Beispiel vorzeichnen.

4 Hängen Sie die Tropfen an den Schlüsselring.

5 Beginnen Sie das Spiel mit der Bitte an Ihr Kind, beliebige Zahlen am Ringfächer zu finden. Beobachten Sie, wie schnell es sie findet und hochhält.

6 Wenn es dies gut beherrscht, bitten Sie Ihr Kind, 2 benachbarte und dann 2 weiter entfernte Zahlen zu finden, wie 2 und 4.

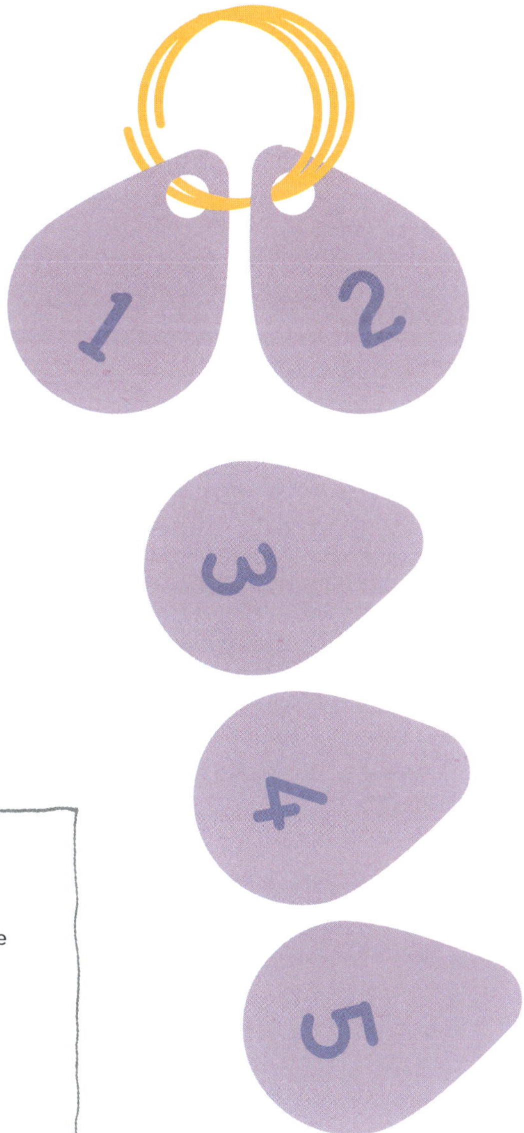

Lust auf mehr?

Bitten Sie Ihr Kind, die Zahlen von 0 bis 5 aufzureihen, dann die von 5 bis 9.

Fragen Sie nach Zahlen »größer als … « und »kleiner als … «.

49

EIN HAUS FÜR DEN TEDDY BAUEN

Diese Übung verbindet Mathematisches beim Vergleichen von Längen, Höhen und Volumen mit Konstruktionstechnischem, wenn es darum geht, zu beurteilen, welche Materialien geeignet sind. Ihr Kind wird viel Spaß dabei haben, ein Haus für den Teddy zu bauen. Sie brauchen dafür eine ausreichend große Fläche.

Das wird gebraucht

- **Materialien zum Bauen (z. B. Müsli- oder Schuhkartons, Küchenrolle, Bauklötze, Saftkartons)**
- **Tablett oder Behälter**
- **Kuscheltier, nicht größer als 20 cm**
- **1 Blatt Papier (optional)**
- **Bleistift (optional)**
- **Klebeband oder Klebstoff (optional)**
- **Kamera**

Los geht's

1 Stellen Sie die Baumaterialien zusammen und legen Sie sie auf das Tablett oder in den Behälter.

2 Bitten Sie Ihr Kind, sein Lieblingskuscheltier zu holen.

3 Erklären Sie, dass es ein Haus für sein Kuscheltier bauen wird, und sprechen Sie darüber, wie es aussehen soll und dass es Wände, Fenster, Dach, Tür usw. haben soll. Wenn nötig, kann Ihr Kind ein Bild des Hauses malen.

4 Fordern Sie Ihr Kind auf, zu entscheiden, welche der Bauteile es für die einzelnen Teile des Hauses verwenden will.

5 Lassen Sie Ihr Kind das Haus damit bauen (evtl. mit einem Klebeband). Wenn es fertig ist, setzen Sie das Kuscheltier hinein und machen Sie ein Foto.

Erklären Sie Ihrem Kind, dass das Haus jetzt sein Projekt ist, und wenn es Hilfe braucht, soll es einfach fragen.

Lassen Sie Ihrem Kind viel Zeit, um zu planen und seine Ideen zu erläutern.

Lust auf mehr?

Bitten Sie Ihr Kind, das Haus zu zeichnen, das es dem Teddy bauen möchte.

Bauen Sie andere Gebäude oder Plätze, die der Teddy aufsuchen könnte, etwa ein Schloss, einen Bauernhof oder einen Park.

50

DIE ZEIT MESSEN

Erinnern Sie sich noch daran, dass einem als Kind eine Woche endlos und die Sommerferien wie eine Ewigkeit erschienen? Kinder finden es sehr schwierig, die Zeit zu messen. Diese Übung hilft ihnen, weil sie vergleichen, was man alles in 1 Minute schafft. Sie können diese Übung weiterführen und längere Zeiträume benutzen.

Das wird gebraucht

- **Perlen**
- **Schnur**
- **1 Blatt Papier**
- **Bleistift**
- **Uhr (mit Sekundenzeiger)**
- **Tablett**

Los geht's

1. Legen Sie Perlen, Schnur, Papier, Bleistift und Uhr auf das Tablett und stellen Sie es links auf den Tisch.
2. Rufen Sie Ihr Kind zu sich und erklären Sie ihm, dass es nun ein Spiel spielt, um zu sehen, was man alles in 1 Minute schafft.
3. Nehmen Sie die Uhr vom Tablett und lenken Sie die Aufmerksamkeit Ihres Kindes auf den Sekundenzeiger. Erklären Sie, dass er in 1 Minute einmal rundherum läuft.

Wählen Sie Aktionen, die Ihrem Kind vertraut sind.

Bei jüngeren Kindern kann es sinnvoll sein, mit 2-Minuten-Aufgaben zu starten.

4 Nehmen Sie Perlen und Faden vom Tablett und messen Sie, wie viele Perlen Ihr Kind in 1 Minute auffädeln kann.

5 Dann messen Sie, wie viele Buchstaben es in 1 Minute aufschreiben kann.

6 Schließlich, wie viele Hampelmänner es in 1 Minute schafft.

Lust auf mehr?

Lassen Sie Ihr Kind andere Zeiteinheiten beobachten. Verwenden Sie beispielsweise eine Eieruhr, damit es sieht, wie lange bestimmte Nahrungsmittel kochen; oder vergleichen Sie, wie lange man für eine Strecke zu Fuß beziehungsweise mit bestimmten Verkehrsmitteln braucht.

51

WIE SPÄT IST ES?

Wenn ich das Thema »Zeit« einführe, erzähle ich, wie unsere Vorfahren den Lauf der Zeit im Wechsel der Jahreszeiten und im Wechsel von Tag und Nacht beobachteten. Ich schildere, wie sie die Zeit mit Sonnen- und Sanduhren gemessen haben, und erkläre, dass es notwendig ist, die Zeit zu bestimmen, um unseren Alltag meistern zu können.

Das wird gebraucht

- **1 großer und 1 kleinerer Pappteller**
- **Bleistift**
- **Filzstifte**
- **Lineal**
- **1 Blatt DIN-A4-Farbkarton**
- **Schere**
- **Musterbeutelklammer**
- **Klebestift**

Zeigen Sie jüngeren Kindern die Zahlen auf dem Lineal als Vorlage, wenn sie die Zahlen für die Uhr schreiben.

Los geht's

1. Bitten Sie Ihr Kind, auf den kleineren Teller etwas zu zeichnen oder ihn auszumalen. Der Tellerrand muss frei bleiben.
2. Zeichnen Sie auf den Karton mit Lineal und Bleistift 12 gleich große Rechtecke. Bitten Sie Ihr Kind, die Zahlen von 1 bis 12 auf diese Rechtecke zu schreiben und auszuschneiden. Zeichnen Sie auf den verbleibenden Karton 2 Zeiger und bitten Sie Ihr Kind, sie auszuschneiden.
3. Ein großer Teller dient als Ziffernblatt. Messen Sie mit dem Lineal, wo dort die Stundenzahlen platziert werden müssen.
4. Legen Sie den kleinen Teller auf den großen, markieren Sie den Mittelpunkt für die Zeiger und schneiden Sie in der Mitte durch beide Teller ein Loch.

5 Legen Sie die Zeiger aufeinander und schneiden Sie ein Loch durch beide. Zeigen Sie Ihrem Kind, wie die Musterbeutelklammer funktioniert, und leiten Sie es an, die Uhr zusammenzubauen, indem es die Klammer durch beide Teller schiebt und die Zeiger so befestigt. Sorgen Sie dafür, dass sich die Zeiger noch bewegen können.

6 Bitten Sie Ihr Kind, die Zahlen an die markierten Punkte in der gleichen Reihenfolge wie bei einer Uhr zu kleben.

7 Erklären Sie, dass der längere Zeiger die Minuten zählt und der kürzere die Stunden. Fragen Sie: »Wann stehst du morgens auf?« Zeigen Sie, wie man die Zeiger bewegt, um die Uhrzeit einzustellen.

Lust auf mehr?

Fragen Sie nach anderen Zeiten, etwa, wann Ihr Kind zur Schule und wann es schlafen geht. So wird es mit der Uhr vertraut.

52

SCHÄTZEN MIT GEGENSTÄNDEN

Schätzen ist für Kinder sehr schwer, doch hier wird das Schätzen auf sehr unterhaltsame und konkrete Weise eingeführt. Ihr Kind soll die Anzahl von Murmeln schätzen, die in verschiedene Behälter passen.

Das wird gebraucht

- **3 bis 5 Behälter unterschiedlicher Größe, möglichst durchsichtig, z. B. Marmeladengläser**
- **Murmeln oder andere kleine Gegenstände (genug, um den größten Behälter zu füllen)**
- **Bleistift**
- **Papier**
- **Tablett**

Los geht's

1. Legen Sie Behälter, Murmeln, Stift und Papier auf das Tablett und bringen Sie es zum Tisch.
2. Stellen Sie die Behälter in 1 Reihe in die Mitte und legen Sie Murmeln, Stift und Papier links daneben.
3. Bitten Sie Ihr Kind zu sich und erklären Sie ihm, dass es herausfinden soll, wie viele Murmeln man braucht, um die Behälter zu füllen.
4. Bitten Sie es, einen Behälter auszusuchen und zu schätzen, wie viele Murmeln nötig sind, um ihn zu füllen.

5 Nun fordern Sie Ihr Kind auf, die Murmeln in den Behälter zu zählen und die Antwort auf dem Papier zu notieren.

6 Leeren Sie dann das Gefäß und wiederholen Sie die Schritte 4 und 5 mit einem anderen Behältnis, bis alle Gefäße verwendet wurden.

Nehmen Sie für kleinere Kinder nur 2 oder 3 Behälter.

Wenn Ihr Kind mit dem Schätzen nicht weiterkommt, schlagen Sie eine Anzahl vor, etwa: »Meinst du, es sind mehr als 20?«

Lust auf mehr?

Wiederholen Sie die Übung, diesmal soll Ihr Kind die Behälter mit kleineren oder größeren Gegenständen als Murmeln füllen. Üben Sie das Schätzen zu Hause oder draußen, etwa wie viele Teller ein bestimmter Stapel Teller hat oder die Anzahl der Artikel in Ihrem Einkaufskorb.

53

SCHÄTZEN MIT FLÜSSIGKEITEN

Mit dieser Übung wird die Fähigkeit des Schätzens vertieft. Diesmal aber werden keine Gegenstände geschätzt, sondern Flüssigkeiten. Dabei übt Ihr Kind auch das Gießen, denn es muss das Wasser vorsichtig in Behälter gießen und zählen, wie viele Krüge es braucht, um sie zu füllen.

Das wird gebraucht

- **3 bis 5 Behälter unterschiedlicher Größe, z. B. Marmeladengläser**
- **Kännchen**
- **großer Krug mit Wasser**
- **Bleistift**
- **1 Blatt Papier**
- **Tablett**

Sie können Lebensmittelfarbe ins Wasser geben, damit man im Behältnis gut sieht, wie weit das Wasser reicht.

Los geht's

1 Tragen Sie Behälter, Kännchen, Krug, Stift und Papier auf dem Tablett zum Tisch.

2 Stellen Sie die Behälter in eine Reihe auf das Tablett. Kännchen und Krug stellen Sie davor, Papier und Stift legen Sie links daneben.

3 Bitten Sie Ihr Kind zu sich und erklären Sie ihm, dass es erst durch Schätzen, dann mittels Zählen herausfinden wird, wie viele Kännchen Wasser in jeden Behälter passen.

4 Bitten Sie Ihr Kind, 1 Behälter auszuwählen. Nehmen Sie diesen aus der Reihe und stellen Sie ihn neben das Kännchen. Nun soll Ihr Kind schätzen, wie viele Kännchen Wasser in den Behälter hineinpassen.

5 Bitten Sie Ihr Kind, Wasser in das Kännchen zu gießen und von dort in den Behälter zu füllen. Das soll es wiederholen, bis der Behälter voll ist, und die Anzahl der Kännchen Wasser notieren.

6 Leeren Sie den Behälter zurück in den Krug und wiederholen Sie die Schritte 4 und 5 mit einem anderen Behälter, bis alle Behälter verwendet wurden.

Lust auf mehr?

Wiederholen Sie die Übung mit anderen Größen von Behältern und Kannen.

Bei dieser Gelegenheit lassen sich sehr gut die Begriffe »voll«, »leer«, »halb« und »viertel« einführen. Bitten Sie Ihr Kind, gefärbtes Wasser in einen durchsichtigen Behälter zu gießen, der mit »voll«, »halb voll« etc. gekennzeichnet ist.

54

DAS KOMBINIEREN VON MENGEN UND ZIFFERN

Die gleichzeitige Verwendung von Zahlenstangen und Zahlenkarten hilft Ihrem Kind, sein Verständnis von Mengen mit den Zahlen 1 bis 10 zu kombinieren. Die Zahlenstangen dienen als visuelles Hilfsmittel, um ein Verhältnis herzustellen zwischen den Ziffern auf den Karten und den Mengen, die sie darstellen.

Das wird gebraucht

- **Zahlenkarten (siehe S. 100)**
- **numerische Stangen (siehe S. 94 und Arbeitsblatt 5)**
- **Tablett**

Los geht's

1 Legen Sie die Karten und die Zahlenstangen auf das Tablett und bitten Sie Ihr Kind, es zum Tisch zu bringen. Legen Sie die Stangen in beliebiger Reihenfolge quer vor Ihr Kind.

2 Fragen Sie Ihr Kind: »Findest du die Stange 4?« Ihr Kind muss sicherlich zählen, um die richtige Stange zu finden.

3 Sagen Sie jetzt: »Findest du heraus, wie wir 4 schreiben?« Findet Ihr Kind die Karte, bitten Sie es, sie ans Ende der Stange 4 zu legen.

4 Wählen Sie nun eine andere Zahl und wiederholen Sie die Schritte, bis neben allen Stangen die passende Zahl liegt.

Nutzen Sie die Gelegenheit, unterschiedlich nach den Zahlen zu fragen. So fördern Sie die sprachlichen und mathematischen Fähigkeiten. Etwa: »Such mir …« Oder: »Welches ist die …?«

Lust auf mehr?

Wenn Sie sehen, dass Ihr Kind Stangen und Karten zuordnen kann, zeigen Sie ihm, wie man sie in eine numerische Ordnung bringt. Beginnen Sie mit den Stangen und bilden Sie eine Treppe von der kürzesten zur längsten. Danach zeigen Sie Ihrem Kind mit der 1 und der 2, wie die Karten dazu passen. Bitten Sie Ihr Kind, mit den restlichen Zahlen fortzufahren.

55

ZAHLENREIHEN BILDEN

Zahlenreihen zu bilden, fördert die Fähigkeit zu zählen und Mengen den entsprechenden Zahlen zuzuordnen. Legt man die entsprechende Anzahl Spielsteine unter die Karten, wird zudem das Prinzip gerader und ungerader Zahlen vermittelt.

Das wird gebraucht

- **Zahlenkarten (siehe S. 100)**
- **55 Spielsteine, Knöpfe, Perlen oder Münzen**
- **Behälter für die Spielsteine**
- **Lineal**

Los geht's

1 Bitten Sie Ihr Kind, den Behälter mit den Spielsteinen zum Tisch zu bringen. Sie nehmen die Zahlenkarten. Bitten Sie Ihr Kind, sich vor den Behälter zu setzen. Mischen Sie die Karten und legen Sie sie oberhalb des Behälters rechts von Ihrem Kind.

2 Bitten Sie Ihr Kind, die Zahlenkarte 1 zu finden und links oberhalb des Behälters zu legen. Dann fragen Sie, welche entsprechende Anzahl Spielsteine die Zahl 1 braucht, und fordern Sie Ihr Kind auf, den einen Stein unter die Karte zu legen.

3 Fragen Sie Ihr Kind, was nach der Zahl 1 kommt. Bitten Sie es, die Karte mit der 2 zu suchen und die entsprechende Anzahl Steine nebeneinander unter die Karte zu legen.

4 Wiederholen Sie die Schritte mit den Zahlen 2 und 3, dann bitten Sie Ihr Kind, selbstständig mit den Zahlen bis 10 weiterzumachen. Geben Sie Hinweise zur genauen Platzierung der Steine. Bei den geraden Zahlen sollen die Steine in 2 Spalten paarweise nebeneinander liegen, bei den ungeraden soll der »übrige« Stein in der linken Spalte liegen.

5 Wenn Ihr Kind einen Fehler in der Abfolge der Zahlen macht, warten Sie, bis es mit der Übung fertig ist, dann bitten Sie es, seine Zahlen mit denen auf dem Lineal zu vergleichen.

Lust auf mehr?

Wenn Ihr Kind diese Übung eigenständig kann, zeigen Sie auf die Spielsteine und fragen Sie, ob ihm etwas auffällt. Erklären Sie, dass man Zahlen, die man paarweise legen kann, wie 2, 4 und 6, auch »gerade« Zahlen nennt, und Zahlen, bei denen ein Stein übrig bleibt, wie 1, 3 und 5, »ungerade« Zahlen.

Um gerade und ungerade Zahlen zu üben, legen Sie 4 kleine Gegenstände in demselben Muster wie in der Übung aus. Bitten Sie Ihr Kind, sie zu zählen. Fragen Sie, ob die 3 oder 4 eine gerade oder ungerade Zahl ist. Wenn Ihr Kind unsicher ist, erinnern Sie es an die Regel, dass gerade Zahlen immer einen »Partner« haben, bei ungeraden Zahlen immer eins übrig bleibt.

56

MARIENKÄFER FÜR MATHEÜBUNGEN BASTELN

Kinder lieben Insekten, vor allem aber Marienkäfer mit ihrem charakteristischen Muster. Bei dieser Übung wird Ihr Kind Marienkäfer mit Zahlenpunkten von 1 bis 10 basteln, die man dann für viele Matheübungen verwenden kann.

Das wird gebraucht

- **10 weiße DIN-A5-Kartonbögen**
- **Bleistift**
- **Bild eines Marienkäfers**
- **Malpinsel**
- **rote Plakatfarbe**
- **Lineal**
- **Geldstück**
- **schwarzer Filzstift**

Los geht's

1 Zeichnen Sie auf jeden Karton die Umrisse eines Marienkäfers.

2 Sagen Sie Ihrem Kind, dass es nun Marienkäfer bastelt, und fordern Sie es auf, sie rot auszumalen. Lassen Sie sie trocknen.

3 Ziehen Sie mit dem Lineal jeweils einen Bleistiftstrich durch die Mitte jedes Marienkäfers und zeichnen Sie sein Kopfende und sein unteres Ende ein.

4 Zeichnen Sie nun seine Punkte auf, indem Sie eine Münze umfahren; auf den ersten Käfer 1 Punkt, auf den zweiten 2 Punkte usw. bis 10. Bei den geraden Zahlenpunkten ordnen Sie die Punkte paarweise rechts und links von der Mittellinie an, bei den ungeraden Zahlen bleibt unten 1 Punkt einzeln stehen.

Lust auf mehr?

Die Marienkäfer können Sie für Zählaufgaben und Reihenfolgen verwenden: Sie können die passenden Zahlenkarten dazu suchen und sie zum Addieren nehmen.

Oder machen Sie ein Set Marienkäfer mit den Zahlen bis 20 (nutzen Sie hierzu einen DIN-A4-Karton).

Oder zeichnen Sie Teddybären statt Marienkäfer mit Knöpfen statt Punkten.

5 Bitten Sie Ihr Kind, die Punkte, den Kopf und das untere Ende mit dem Filzstift auszumalen. Zeichnen Sie mit Lineal die Mittellinie mit Filzstift nach.

6 Zeichnen Sie mit dem Bleistift Beine und bitten Sie Ihr Kind, sie mit dem Filzstift nachzuzeichnen.

Achten Sie darauf, den gesamten Karton für den Marienkäfer zu nutzen.

Prüfen Sie, dass Ihre Münze klein genug ist, damit 10 Punkte auf den Marienkäfer passen.

Basteln Sie eine Marienkäferschablone als Vorlage.

57

GERADE UND UNGERADE ZAHLEN BEGREIFEN

In dieser klassischen Montessori-Übung lernt Ihr Kind, den Unterschied zwischen geraden und ungeraden Zahlen zu erkennen, indem es bemerkt, dass gerade Zahlen immer paarweise auftreten, während bei ungeraden Zahlen eins übrig bleibt. Diese Übung nutzt die Marienkäferkarten der vorherigen Übung. Falls Sie sie nicht gebastelt haben, verwenden Sie Spielsteine oder Geldstücke.

Das wird gebraucht

- **1 Set Marienkäferkarten (siehe S. 132)**
- **55 Spielsteine oder Geldstücke**

Beginnen Sie bei kleineren Kindern mit den Zahlen 1 bis 5.

Wenn Ihr Kind Schwierigkeiten hat, das Muster zu erkennen, zeigen Sie mit dem Finger zu dem einzelnen Punkt ohne Partner.

Los geht's

1. Legen Sie die Marienkäferkarten in die Tischmitte.
2. Bitten Sie Ihr Kind zu sich und erklären Sie ihm, dass es nun gerade und ungerade Zahlen erforschen wird.
3. Bitten Sie es, die Marienkäferkarten von links nach rechts in die richtige numerische Abfolge zu legen.
4. Beginnend mit der 1, bitten Sie Ihr Kind, einen Spielstein auf den Marienkäferpunkt zu setzen. Wiederholen Sie dies mit den anderen Karten.
5. Bitten Sie Ihr Kind, Punktemuster zu vergleichen, etwa zwischen der 5 und der 6 und zwischen der 9 und der 10. Ihr Kind soll merken, dass auf den Karten 6 und 10 alle Punkte Partner haben, auf den Karten 5 und 9 jeweils ein Punkt ohne Partner ist.
6. Erklären Sie, dass 2, 4, 6, 8 und 10 gerade Zahlen sind, weil sie paarweise auftreten, und 1, 3, 5, 7 und 9 als ungerade Zahlen bezeichnet werden, weil immer eins übrig bleibt.

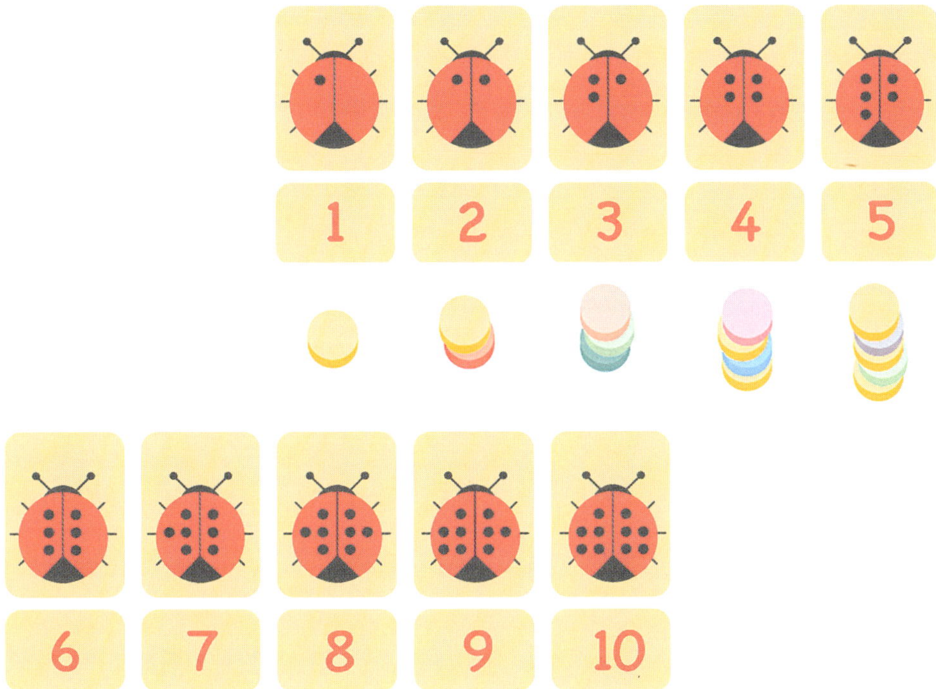

Lust auf mehr?

Schreiben Sie die Wörter »gerade« und »ungerade« auf Kärtchen und legen Sie sie unter die entsprechenden Marienkäfer.

Ihr Kind kann den Marienkäfern auch die passenden Ziffern zuordnen.

Schauen Sie sich gemeinsam Dominosteine oder Würfel an, vielleicht kann Ihr Kind die gerade und ungerade Anzahl der Punkte dort auch zeigen.

58

SPIELSTEINE IN BECHER ZÄHLEN

Mit Bechern und Spielsteinen zu zählen, ist ein weiterer Weg, Ziffern mit den entsprechenden Mengen zu verknüpfen. Durch Hinzunehmen eines leeren Bechers wird die Zahl 0 eingeführt.

Das wird gebraucht

- **45 Spielsteine, Knöpfe, Perlen oder Münzen**
- **10 Becher oder kleine Behälter**
- **ca. 50 cm langer Papierstreifen**
- **schwarzer Filzstift**
- **flacher Behälter für die Spielsteine**

Schreiben Sie die Ziffern 0 bis 9 in gleichmäßigen Abständen auf den Papierstreifen. Legen Sie die Spielsteine in den Behälter und stellen Sie alles auf ein Tablett.

Los geht's

1. Bitten Sie Ihr Kind, das Tablett zum Tisch zu bringen. Nehmen Sie den Rest und stellen Sie die Spielsteine vor Ihr Kind, dahinter den Papierstreifen, dann die Becher.

2. Zeigen Sie auf den Papierstreifen und bitten Sie Ihr Kind, die Zahlen vorzulesen. Gehen Sie zur 0 zurück und sagen Sie Ihrem Kind, dass sie »Null« heißt. Erklären Sie, dass das »nichts« bedeutet und deshalb keine Steine in den Becher gelegt werden.

3. Zeigen Sie auf die 1 und bitten Sie Ihr Kind, die entsprechende Anzahl Spielsteine in einen der Becher zu legen.

4. Zeigen Sie auf die 2 und wiederholen Sie Ihre Bitte. Fahren Sie genauso mit der 3 und der 4 fort, und, falls Ihr Kind möchte, weiter bis zur 9.

5. Sollte Ihr Kind eine falsche Anzahl Steine in einen Becher gelegt haben, korrigieren Sie es an diesem Punkt nicht. Wenn Ihr Kind fertig ist, sagen Sie: »Lass uns mal nachsehen, ob wir die richtige Anzahl Steine in die Becher gelegt haben.« Wenn Sie gemeinsam zählen, lassen Sie Ihr Kind entdecken, dass es einen Fehler gemacht hat.

Lust auf mehr?

Kehren Sie zur Übung »Zahlen an die Leine hängen« (siehe S. 98), zurück. Nehmen Sie einen neuen Beutel und hängen Sie ihn vor die Zahl 1 an die Leine. Erklären Sie, dass er die 0 darstellt. Fragen Sie Ihr Kind, ob es noch weiß, was die Null bedeutet. Es sollte »nichts« antworten. Fragen Sie es dann, ob es bei der 0 etwas in den Beutel legen muss. Wenn sich Ihr Kind nicht erinnert, können Sie Tipps geben, etwa, dass die 0 vor der 1 kommt.

Für diese Übung werden 45 Spielsteine verwendet, exakt so viele, wie Ihr Kind braucht. Wenn am Ende zu wenige oder zu viele Spielsteine im Spielsteinebehälter sind, sollten Sie den Inhalt der Becher prüfen.

59

DEN BEUTELN ZAHLEN ZUORDNEN

Nachdem Ihr Kind nun sowohl die Mengen als auch die Ziffern von 0 bis 10 beherrscht, können Sie die Beutel von der Übung »Zahlen an die Leine hängen« (siehe S. 98) mit Zahlen versehen.

Das wird gebraucht

- **neu erstellte Zahlenkarten (siehe S. 100)**
- **schwarzer Filzstift**
- **Buntstifte oder Bleistift**

Zeichnen Sie bei jeder Zahl eine Erweiterungslinie, sodass große Ziffern entstehen, die Ihr Kind ausmalen kann.

Los geht's

1 Bitten Sie Ihr Kind, die Ziffern auszumalen. Wenn es fertig ist, erklären Sie, dass die Ziffern für die Beutel an der Leine gedacht sind.

2 Legen Sie die Zahlenkarten in beliebiger Reihenfolge unter die Leine. Zeigen Sie auf Beutel 1 und fragen Sie Ihr Kind, ob etwas im Beutel ist. Ihr Kind sollte mit »Ja« antworten. Dann fragen Sie: »Welche Zahl entspricht der Anzahl der Dinge im Beutel?« Zeigen Sie dabei auf die Zahlenkarten am Boden. Ihr Kind sollte die 1 finden. Helfen Sie ihm, die Zahlenkarte am Beutel zu befestigen.

3 Zeigen Sie nun auf den Beutel mit 2 Gegenständen und fragen Sie: »Wie viele Gegenstände sind im Beutel?« Hat Ihr Kind richtig geantwortet, bitten Sie es, die Zahlenkarte 2 zu finden, und heften Sie sie gemeinsam an. Wiederholen Sie die Schritte bis zur Zahl 10.

Lust auf mehr

Basteln Sie Marienkäfer (siehe S. 132) ohne Punkte. Lassen Sie Ihr Kind sie ausmalen und malen Sie jeweils gemeinsam die Punkte von 0 bis 10 hinzu. Wenn Sie fertig sind, hängen Sie die Käfer an die Leine. Das ist eine zeitaufwendige und unterhaltsame Beschäftigung, die Sie über eine Woche verteilen können.

Kann Ihr Kind die Menge der Gegenstände in einem Beutel nicht nennen, nehmen Sie den Beutel von der Leine und bitten Sie Ihr Kind, die Gegenstände zu zählen.

60

PLUS RECHNEN MIT ZAHLEN BIS 10

Nun, da Ihr Kind Mengen und Ziffern von 0 bis 10 gelernt hat, können Sie das Addieren einführen. Diese Übung folgt demselben Muster wie die Zahlenübungen, denn sie beginnt allein mit Mengen; die erforderlichen Ziffern und Zeichen werden später eingeführt.

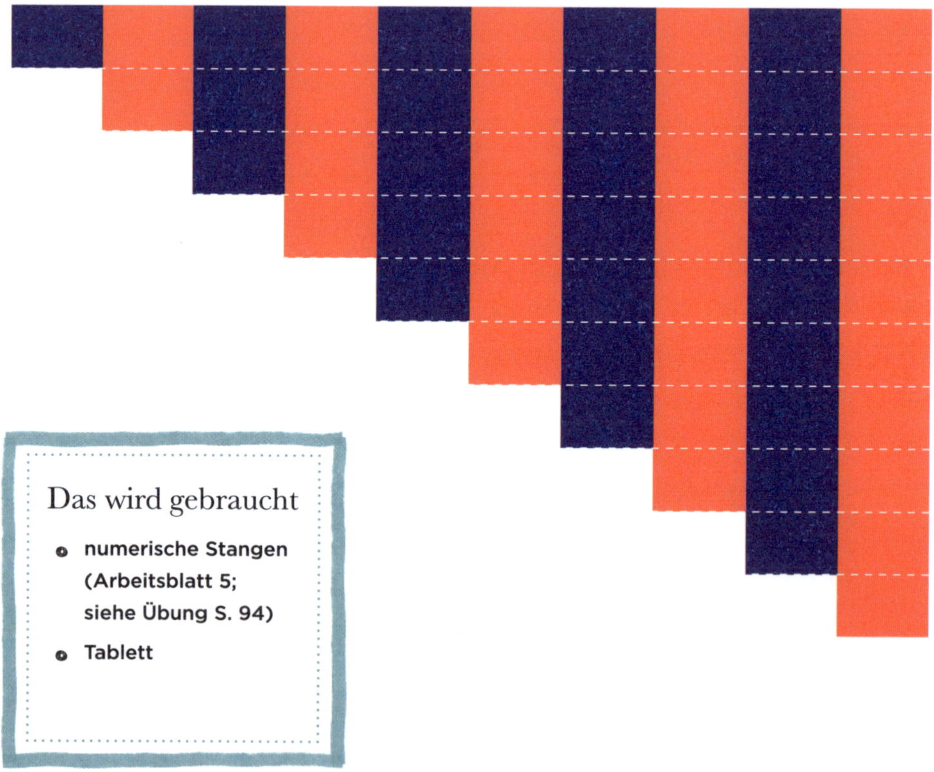

Das wird gebraucht

- **numerische Stangen (Arbeitsblatt 5; siehe Übung S. 94)**
- **Tablett**

Los geht's

1 Bitten Sie Ihr Kind, das Tablett mit den numerischen Stangen zum Tisch zu bringen. Legen Sie die Stangen in beliebiger Reihenfolge vor Ihr Kind. Fordern Sie es auf, die Stangen zu einer Treppe anzuordnen.

2 Sagen Sie: »Ich zeige dir, wie man mit den Stangen plus rechnet.« Bitten Sie Ihr Kind, Stange 1 zu finden, und legen Sie sie unter die Treppe. Dann bitten Sie um Stange 4 und legen sie an Stange 1. Wählen Sie Zahlen unter 5, es soll leicht sein.

3 Bitten Sie Ihr Kind, die Abschnitte der aneinandergefügten Stangen zu zählen, und zu sagen, welche Zahl sich als Summe daraus ergibt. Achten Sie darauf, dass Ihr Kind zum sorgfältigen Zählen einen Finger benutzt. Wenn es »5« antwortet, erklären Sie: »1 plus 4 ist gleich 5.« Zeigen Sie dabei auf die verlängerte Stange.

4 Bitten Sie Ihr Kind, die Stangen zurückzulegen; wiederholen Sie die Übung mit anderen Stangen. Achten Sie dabei darauf, niedrige Zahlen zu verwenden.

5 Hat Ihr Kind das Ziel der Übung verstanden, sagen Sie ihm, dass es nun selbst plus rechnen soll. Bitten Sie es, 2 Zahlenstangen auszuwählen und Ihnen die Summe zu nennen, etwa: »5 plus 3 ist gleich …« Eventuell müssen Sie Ihrem Kind die Wörter »plus«, »ist gleich« und »Summe« erklären.

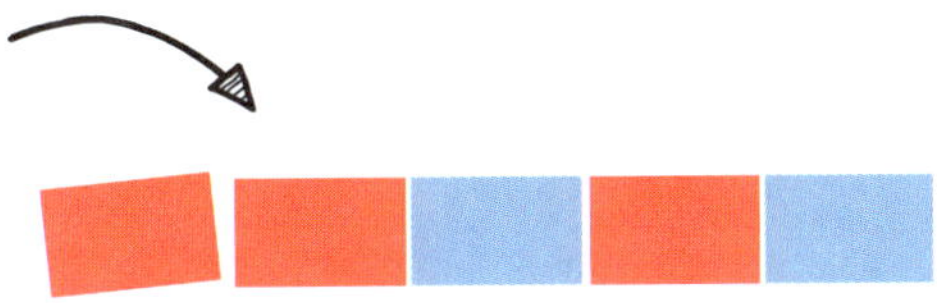

6 Wenn Sie die Übung beenden, sprechen Sie noch einmal über die Schritte bis hin zur Antwort. Weisen Sie darauf hin, dass das Ergebnis immer größer sein muss als die beiden Zahlen, mit denen man anfängt.

61

PLUS RECHNEN MIT ZIFFERN

Hat Ihr Kind das Prinzip der Addition mit Mengen (numerischen Stangen) verstanden, können Sie das Plusrechnen mit Ziffern mithilfe der Zahlenkarten einführen. Wenn Ihr Kind Fortschritte macht, können Sie die Rechnungen auf Papier schreiben (siehe »Lust auf mehr?«).

Das wird gebraucht

- **Zahlenkarten (siehe S. 100)**
- **numerische Stangen (siehe Arbeitsblatt 5)**
- **Karton**
- **schwarzer Filzstift**

Zeichnen Sie ein Geichheitszeichen (=) und ein Pluszeichen (+) auf einen Karton und schneiden Sie beides in derselben Größe wie die Zahlenkarten aus.

Los geht's

1 Legen Sie die Zahlenkarten und numerischen Stangen geordnet in 1 Reihe. Fordern Sie Ihr Kind auf, 1 Stange auszusuchen und vor sich zu legen.

2 Bitten Sie Ihr Kind, die passende Zahlenkarte dazu zu finden und unter die Stange zu legen. Legen Sie die »+«-Karte neben die gewählte Zahl und erklären Sie, dass sie »plus« bedeutet.

3 Bitten Sie Ihr Kind, eine weitere Stange und Karte zu wählen und legen Sie die Karte neben das Plus. Legen Sie die »=«-Karte neben die zweite Zahl und erklären Sie, dass sie »ist gleich« bedeutet.

4 Fragen Sie Ihr Kind, was jetzt zu tun ist. Es sollte antworten: »Zusammenzählen.« Helfen Sie bei der Lösung, indem Sie, wenn nötig, die numerischen Stangen zum Zählen nutzen.

5 Wenn die Lösung gefunden ist, legen Sie die entsprechende Zahlenkarte neben das »=«-Zeichen. Machen Sie noch einige Aufgaben mit Ihrem Kind, bis es so weit ist, eigenständig zu addieren.

Lust auf mehr?

Ist Ihr Kind mit den Zahlenkarten vertraut, führen Sie auf Papier geschriebene Additionen ein. Vielleicht möchte Ihr Kind eigene Rechnungen aufschreiben.

62

MINUS RECHNEN MIT ZAHLEN UNTER 10

In der Regel erfassen Kinder das Prinzip der Subtraktion leichter als das der Addition. So verstehen sie meist, dass 3 Äpfel übrig bleiben, wenn man von 6 Äpfeln 3 wegnimmt. Sie können diese Übung auch vor der vorherigen machen. Da Ihr Kind bereits damit vertraut ist, Summen zu notieren, werden bei dieser Übung Mengen und Ziffern gleichzeitig eingeführt.

Das wird gebraucht

- **numerische Stangen (siehe Arbeitsblatt 5)**
- **1 Blatt Papier**
- **Bleistift**

Los geht's

1 Bitten Sie Ihr Kind, das Tablett mit den numerischen Stangen zum Tisch zu bringen und sich links neben Sie zu setzen.

2 Nehmen Sie 2 Stangen und legen Sie sie aneinander. Bitten Sie Ihr Kind, die Abschnitte zu zählen und die Gesamtsumme zu nennen. Entfernen Sie die kleinere Stange und bitten Sie Ihr Kind, zu zählen, was nun übrig ist. Machen Sie 2 weitere solche Aufgaben, damit Ihr Kind lernt, das Verfahren zu begreifen.

3 Wenn die vierte Aufgabe gelöst ist, gehen Sie die Schritte noch einmal durch und stellen Sie Fragen wie: »Mit wie vielen haben wir begonnen?« — »Dann haben wir wie viele weggenommen?« —

»Wie viele sind übrig geblieben?« Fassen Sie dann zusammen, zum Beispiel: »Wenn man von 5 3 wegnimmt, bleiben 2 übrig.«

4 Zeigen Sie Ihrem Kind, wie man eine solche Rechnung schreibt. Machen Sie 2 weitere Aufgaben, die Sie für Ihr Kind aufschreiben.

5 Wenn Ihr Kind die Rechnung schreiben kann, fordern Sie es auf, Schritt für Schritt zu notieren, damit es die Zahl, mit der es begonnen, und die, die es »weggenommen« hat, nicht vergisst.

Lust auf mehr?

Vermitteln Sie Ihrem Kind Addition und Subtraktion in Alltagssituationen, etwa mit Obst, Bauklötzen oder Spielsachen.

63

ZAHLENLIEDER UND ZAHLENREIME

Lieder und Reime sind wunderbar, um das Konzept der Zahlen zu vertiefen, denn die Reime und die dazugehörigen Bewegungen helfen als Gedächtnisstütze. Sie sind für Kinder jeglichen Alters geeignet.

MORGENS FRÜH UM SECHS

Spielen Sie mit Ihrem Kind die Hexe und führen Sie entsprechende Bewegungen aus.

Morgens früh um sechs
kommt die kleine Hex'
morgens früh um sieben
schabt sie gelbe Rüben;
morgens früh um acht
wird Kaffee gemacht;
morgens früh um neune
geht sie in die Scheune;
morgens früh um zehne
holt sie Holz und Späne;
feuert an um elf,
kocht dann bis um zwölf
Fröschebein und Krebs und Fisch.
Hurtig, Kinder kommt zu Tisch!

EINE BAUERSFRAU

Dieser Abzählreim vertieft die Zahlenfolge bis 7 und das Zählen allgemein. Zeigen Sie die Zahlen mit Ihren Fingern.

Eins, zwei, drei, vier,
fünf, sechs, sieben,
eine Bauersfrau kocht Rüben,
eine Bauersfrau kocht Speck,
und du bist weg!

EINS, ZWEI, DREI

Zählen Sie die Zahlen an den Fingern ab und führen Sie dazu Bewegungen aus.

Eins und zwei und drei,

fast alle sind dabei,

vier und fünf und sechs
und sieben,

wo ist denn der Rest geblieben?

Acht und neun

sind in der Scheun'.

Und die Zehn,

die bleibt steh'n.

ZEHN KLEINE WÜRSTE

Dieses Lied lieben die Kinder, die ich unterrichte. Es behandelt Subtraktion und Zählen in Zweierschritten. Dehnen Sie das »zischschschsch« lang aus, und bei »brennt an« halten Sie sich die Nase zu.

Zehn kleine Würste
braten in der Pfann',

die eine macht zisch,
die andere brennt an.

Acht kleine Würste
braten in der Pfann',

die eine macht zisch,
die andere brennt an.

Sechs kleine Würste
braten in der Pfann',

die eine macht zisch,
die andere brennt an.

ZEHN GRÜNE FLASCHEN

Sie können Plastikflaschen verwenden und mit ihnen den Aktionen folgen, oder Sie ändern den Text und nehmen grüne Knöpfe, die auf dem Tisch liegen, oder andere geeignete Gegenstände.

Zehn grüne Flaschen
hängen an der Wand,

zehn grüne Flaschen
hängen an der Wand,

und wenn eine Flasche fällt,
was ist dann?

Dann heißt es:

Neun grüne Flaschen
hängen an der Wand,

neun grüne Flaschen
hängen an der Wand,

und wenn eine Flasche fällt,
was ist dann?

Dann heißt es:

Acht grüne Flaschen etc.

...

64

DAS PIZZASPIEL

Alle Kinder lieben Pizza und das Kneten von Teig. Dieses Spiel vereint beides. Das Gestalten einer eigenen Pizza schafft einen Rahmen für Fantasie und Rollenspiele. Am besten spielen Sie mit mehreren Kindern.

Das wird gebraucht

- **Salzteig**
- **für jedes Kind 1 DIN-A4-Papier plus 4 Blätter extra**
- **bunte Filzstifte**
- **alte Pizzaschachteln**
- **Klebestift**
- **2 Plastiktischdecken für den Arbeitsbereich und die Theke der Pizzeria**
- **Schürze für jedes Kind**
- **falls möglich für jedes Kind ein kleines Spielnudelholz (falls Sie keine haben, verwenden Sie z. B. Plastikbecher)**

Los geht's

1 Stellen Sie zuerst den Salzteig für die Pizzas her. (Vielleicht können Sie für den Pizzateig und die verschiedenen Beläge verschiedenfarbige Teige anfertigen.)

2 Erklären Sie den Kindern, dass Sie nun Pizzeria spielen.

Weisen Sie die Kinder darauf hin, dass man den Teig nicht essen kann.

Wenn Sie fertig sind, kontrollieren Sie, ob an den Schuhsohlen der Kinder Teig klebt, was leicht passiert.

3 Malen Sie ein Schild und Etiketten für die Pizzeria. Kleben Sie die Etiketten auf die Pizzaschachteln und stellen Sie das Schild auf. Das ist nun die Pizzeria.

4 Schreiben Sie eine Speisekarte, auf der vier Pizzas stehen. Teilen Sie den Kindern diese Auswahl mit.

5 Legen Sie eine Plastikdecke über den Arbeitsbereich. Bitten Sie die Kinder, die Schürzen anzuziehen und Ihnen zu helfen, den Salzteig und die Utensilien bereitzulegen.

6 Sind mehrere Kinder dabei, bilden Sie 2 Gruppen – die Pizzabäcker und die Kunden. (Sie können nach einer Weile die Rollen tauschen.) Oder Sie ernennen einige Erwachsene als Kunden.

7 Legen Sie auf einen anderen Tisch die zweite Plastikdecke und bitten Sie die Kinder, Ihnen zu helfen, auf dieser Theke die richtige Anzahl Pizzaschachteln für die Kunden abzuzählen.

8 Fordern Sie die Pizzabäcker auf, erst die Bestellungen der Kunden aufzunehmen. Helfen Sie ihnen, die jeweiligen bestellten Pizzas auf der Speisekarte mit Strichen zu markieren. Dann können Sie zusammen zählen, wie viele Pizzas gebraucht werden.

9 Bitten Sie die Kinder, ihre Pizzas mit dem Salzteig zu formen, und wenn sie fertig sind, sie in die Pizzaschachteln zu legen und der Kundschaft zu überreichen.

10 Wenn alle Kinder eine Pizza gemacht haben, schließen Sie die Pizzeria und fordern alle auf, sauber zu machen. Den Salzteig können Sie in Tüten in den Kühlschrank legen und wiederverwenden.

Lust auf mehr?

Wenn Sie dieses Spiel einmal gespielt haben, können Sie es abwandeln und die Kulisse ändern. Statt einer Pizzeria nehmen Sie vielleicht ein Café, für das Ihr Kind Cupcakes bäckt?

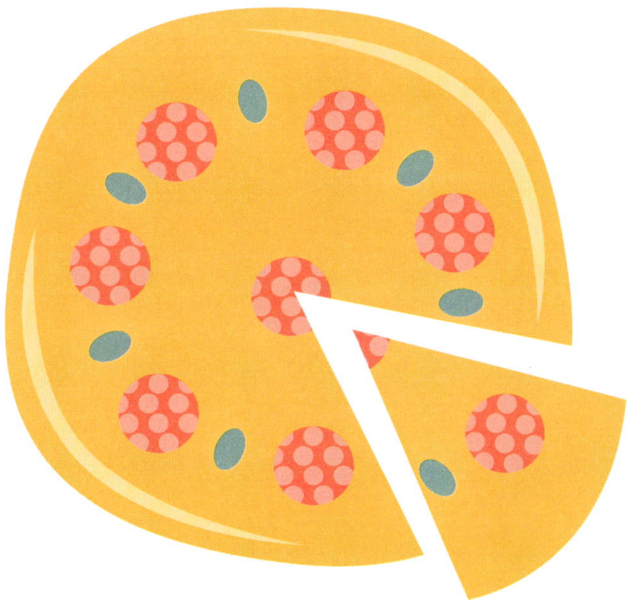

65

PLUS RECHNEN MIT WÜRFELN

Würfel – je größer, desto besser – sind ein unschätzbares Hilfsmittel für viele mathematische Aufgaben. Ich empfehle, diese Übung mit dem Kapitel »Zahlen über 10« (siehe S. 96) zu kombinieren, da die Summen bis 12 reichen können. Wie üblich beginnt diese Übung mit Mengen, dann erst folgen die Zahlenkarten mit Plus- und Minuszeichen.

Das wird gebraucht

- **2 Würfel (möglichst groß)**
- **Zahlenkarten bis 12**
- **Tablett**
- **1 Pluszeichen und 1 Gleichheitszeichen, auf ein kleines Stück Karton oder Papier geschrieben**

Los geht's

1 Legen Sie die Würfel und die Zahlenkarten auf das Tablett und bitten Sie Ihr Kind, es dorthin zu bringen, wo es arbeiten möchte. (Ich mache diese Übung gern auf dem Fußboden.) Bitten Sie Ihr Kind, die Würfel in die Mitte zu legen.

2 Erklären Sie Ihrem Kind, dass die Würfel nun zum Plusrechnen verwendet werden.

3 Würfeln Sie erst mit dem einen, dann mit dem anderen Würfel, zählen Sie laut die Augenzahl und bilden Sie dann die Summe. Zeigen Sie auf den jeweiligen Würfel und sagen Sie beispielsweise: »Ich habe eine 4 gewürfelt und dann eine 2, zusammengezählt macht das 6.«

4 Geben Sie Ihrem Kind die Würfel und fordern Sie es auf, es selbst zu versuchen. Wiederholen Sie dies mindestens dreimal, bis Ihr Kind es beherrscht.

5 Stellen Sie Ihrem Kind das Plus- und das Gleichheitszeichen vor und sagen Sie, dass Sie diese Zeichen zum Plusrechnen verwenden. Wiederholen Sie Schritt 3, sagen Sie jetzt: »4 plus [legen Sie das Pluszeichen hin] 2 ist gleich [nun fügen Sie das Gleichheitszeichen an] 6 [legen Sie die Zahlenkarte 6 dazu].«

6 Ermuntern Sie Ihr Kind, es auch mit den Zahlenkarten und den Zeichen zu versuchen. Wiederholen Sie dies mindestens zweimal, bis Ihr Kind das Spiel beherrscht.

Lust auf mehr?

Beherrscht Ihr Kind diese Übung, kann es versuchen, die Rechnung auf eine Tafel oder auf Papier zu schreiben.

Mit kleineren Kindern sind nur die Schritte 1 bis 4 möglich, Schritt 5 und 6 können Sie auf später verschieben.

66

VERDOPPELN

Das Verdoppeln ist eine hervorragende Vorbereitung auf die Multiplikation. Diese Übung beginnt damit, die Mengen von Objekten zu verdoppeln, und kann auf die Verwendung von Ziffern ausgeweitet werden.

Das wird gebraucht

- **30 kleine Spielsteine, Knöpfe oder Perlen**
- **Behälter**

Mit kleineren Kindern reicht es anfangs, bis zur Zahl 6 zu gehen, später können Sie bis zur 10 steigern.

Lassen Sie zwischen den Steinen Lücken, damit Ihr Kind die Mengen für jede Zahl deutlich erkennt.

Los geht's

1. Legen Sie die Steine in den Behälter und stellen Sie ihn links auf den Tisch.
2. Rufen Sie Ihr Kind zu sich, um »Verdoppeln« zu spielen.
3. Bitten Sie Ihr Kind, 2 Spielsteine nebeneinander links auf den Tisch zu legen.
4. Erklären Sie, dass Sie nun gemeinsam die Zahl 2 verdoppeln.

5 Bitten Sie Ihr Kind, 2 Spielsteine nebeneinander auf die rechte Seite zu legen und 2 weitere darunter, sodass ein Quadrat entsteht. Bitten Sie Ihr Kind, die Steine zu zählen und »4« zu sagen.

6 Wiederholen Sie die Schritte 4 und 5, bis Sie die 5 verdoppelt und die Zahl 10 erreicht haben. Sprechen Sie das Spiel noch einmal durch und bitten Sie Ihr Kind, laut »2«, »4«, »6«, »8«, »10« zu sprechen und auf die passende Gruppe zu deuten.

Lust auf mehr?

Sobald Ihr Kind die Mengen beherrscht, können die entsprechenden Ziffern hinzugefügt werden. Sprechen Sie laut mit, zum Beispiel: »Wir hatten 2 und haben 2 addiert, das ergibt 4.« Dann bitten Sie Ihr Kind, die richtige Ziffer herauszusuchen und unter die Gruppe zu legen.

Sie können auch versuchen, in Dreiergruppen zu zählen.

Beherrscht Ihr Kind das Spiel bis zur Zahl 10, können Sie höher gehen.

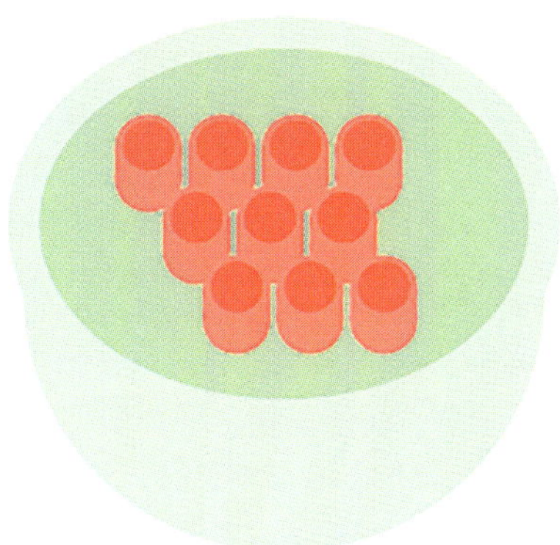

67

MIT NICHT GENORMTEN EINHEITEN MESSEN

Dies ist eine gute Übung für Kinder, um das Prinzip des Messens zu verstehen, denn sie verwenden dazu ihre Hände. Ich unterhalte mich immer zu Beginn dieser Übung mit den Kindern darüber, was die Menschen benutzt haben, als es noch kein Metermaß oder Maßband gab. Sie können erwähnen, dass die Höhe von Pferden bis heute noch gelegentlich in Hand gemessen wird. Am Ende der Übung sollte Ihr Kind begreifen, warum genormte Maßeinheiten eingeführt wurden.

Das wird gebraucht

- **1 Blatt Papier**
- **Bleistift**
- **6 bis 8 mittelgroße bis große Gegenstände, z. B. Tisch, Fliese, Stuhl, Buch, Küchenzeile, Waschbecken**

Bei kleineren Kindern beginnen Sie mit nur 4 bis 6 Gegenständen.

Los geht's

1. Bitten Sie Ihr Kind zu sich und erklären Sie ihm, dass es nun Dinge messen wird. Sagen Sie ihm, dass es kein Metermaß, sondern einen Teil seines Körpers dafür nutzt. Fragen Sie, ob es errät, welchen.
2. Schreiben Sie die Objekte, die gemessen werden, links in eine Spalte. Ihr Kind kann dabei helfen.
3. Führen Sie vor, wie man mit den Händen misst: Legen Sie die Hände – eine nach der anderen – so auf den zu messenden Gegenstand, dass keine Lücke zwischen den Fingerspitzen der einen und dem Handballen der anderen Hand entsteht. Oder greifen Sie mit den Händen um den Gegenstand herum und legen dabei die Hände – eine nach der anderen – ganz eng nebeneinander.

4 Messen Sie das erste Objekt selbst. Bevor dann Ihr Kind misst, fragen Sie es, ob es denkt, dass es mehr oder weniger Hände dafür braucht als Sie. Bitten Sie es nun, zu messen und zu prüfen, ob es richtig vermutet hat.

5 Notieren Sie die Ergebnisse für das erste Objekt.

6 Lassen Sie Ihr Kind die restlichen Gegenstände messen und die Ergebnisse aufschreiben.

Lust auf mehr?

Messen Sie Dinge mit den Füßen.

68

MATHEMATISCHE GEGEN-SÄTZE: KLEIN UND GROSS

Zusammen mit dem Verständnis für mathematische Prinzipien entwickelt Ihr Kind auch sein mathematisches Vokabular weiter. Das ist insbesondere der Fall bei mathematischen Gegensätzen. Auf den nächsten Seiten beschäftigen sich drei Übungen damit. Wir beginnen mit dem Vergleich von kleineren und größeren Objekten.

Das wird gebraucht

- **4 bis 5 kleine Gegenstände (z. B. Knöpfe, Stifte, Münzen)**
- **4 bis 5 größere Gegenstände (z. B. Vorratsgläser, Flaschen, Dosen)**
- **Tablett**

Los geht's

1. Stellen Sie die Gegenstände auf das Tablett und bringen Sie es zum Tisch. Stellen Sie es auf die linke Seite.
2. Bitten Sie Ihr Kind zu sich und sagen Sie ihm, dass sie »groß« und »klein« erforschen werden, indem sie Dinge vergleichen.
3. Bitten Sie Ihr Kind, die Gegenstände in 1 Reihe zu stellen.
4. Erklären Sie, das Ziel sei, mit je 1 großen und 1 kleinen Gegenstand Paare zu bilden. Zeigen Sie es Ihrem Kind, indem Sie 1 großen und 1 kleinen Gegenstand aussuchen und in der Mitte unter die Reihe stellen. Der größere sollte links stehen.
5. Lassen Sie Ihr Kind mit einem neuen Paar weitermachen. Erinnern Sie es, den größeren Gegenstand links, den kleineren rechts abzustellen.
6. Fahren Sie fort, bis alle Gegenstände in Paaren stehen.

Lust auf mehr?

Vergleichen Sie 3 Objekte: groß, größer, am größten und klein, kleiner, am kleinsten.

Oder ordnen Sie die Gegenstände ihrer Größe nach vom größten zum kleinsten.

Beginnen sie bei kleineren Kindern mit nur 3 Objekten in jeder Größe.

Achten Sie auf einen sichtbaren Größenunterschied zwischen den Gegenständen.

69

MATHEMATISCHE GEGENSÄTZE: LANG UND KURZ

Im Alltag werden wir oft aufgefordert, Längen zu vergleichen. Ihr Kind lernt das in dieser Übung, in der es versteckte Schnurstücke findet und sie mit einem Referenzstück vergleicht. Beherrscht Ihr Kind diese Übung, kann es die Schnüre der Länge nach sortieren. Später kann ihm auch die Benutzung eines Lineals gezeigt werden.

Das wird gebraucht

- **1 Knäuel Wolle oder Schnur**
- **Schere**
- **Lineal**
- **Abdeckband oder Klebeband (optional)**

Los geht's

1. Schneiden Sie ein 30 cm langes Stück Schnur ab, dann 4 längere und 4 kürzere.
2. Verstecken Sie die 8 längeren und kürzeren Stücke im Zimmer. Einige können Sie auch auf eine Fläche spannen (etwa auf eine Wand oder ein Regal) und mit Klebeband befestigen.

3 Bitten Sie Ihr Kind, zu Ihnen zu kommen und die im Zimmer versteckten Schnurstücke zu finden.

4 Geben Sie ihm das 30-cm-Stück, das es zum Vergleich verwenden soll: Wenn Ihr Kind ein Stück Schnur findet, soll es vergleichen, ob es länger oder kürzer ist als dieses 30-cm-Stück.

Lust auf mehr?

Wenn Ihr Kind alle Stücke gefunden hat, soll es sie so sortieren, dass sie vom längsten zum kürzesten Stück aufgereiht sind.

Diese Übung ist bestens geeignet, um in die Verwendung eines Lineals einzuführen. Wenn Ihr Kind die Übung mit der Vergleichsschnur beherrscht, verwenden Sie für den Vergleich ein Lineal.

Zeigen Sie Ihrem Kind, wie es ein Stück Schnur mit einem zweiten Stück, das kürzer oder länger ist, vergleicht: Es muss darauf achten, dass die Schnüre an einer Seite bündig sind.

70

MATHEMATISCHE GEGENSÄTZE: SCHWER UND LEICHT

Beim Vergleich von Längen vertrauen wir auf unsere Augen, doch für den Vergleich von Gewichten nützt das nichts. In dieser Übung wird Ihr Kind entdecken, dass in der Regel nicht die Größe eines Gegenstands, sondern das Material sein Gewicht bestimmt.

Das wird gebraucht

- **6 bis 8 Gegenstände von unterschiedlicher Größe und Gewicht**
- **Tablett**

Los geht's

1 Stellen Sie die Gegenstände in Paaren – mit unterschiedlichem Gewicht – auf das Tablett und platzieren Sie es auf der linken Seite des Tisches.

2 Bitten Sie Ihr Kind zu sich. Es soll herausfinden, welcher von den Gegenständen eines Gegenstandspaares schwerer ist.

3 Dazu fordern Sie Ihr Kind auf, 1 Paar auszuwählen. Fragen Sie Ihr Kind, welcher Gegenstand seiner Meinung nach schwerer ist.

4 Wiederholen Sie dies mit den anderen Paaren.

5 Wiederholen Sie nun die Übung, diesmal jedoch darf Ihr Kind 1 Gegenstand in jede Hand nehmen und das Gewicht vergleichen.

6 Ihr Kind sollte feststellen, dass das Gewicht nicht unbedingt von der Größe abhängt, sondern auch vom Material, aus dem der Gegenstand besteht.

Lust auf mehr?

Lassen Sie die Gegenstände nach Gewicht sortieren. Diese Übung eröffnet eine neue Sicht darauf, welche Materialien schwerer und leichter sind und sich am besten für bestimmte Arbeiten eignen. Eine sehr gute Geschichte zum Vertiefen dieser Erkenntnis ist die Geschichte »Die drei kleinen Schweinchen«.

Führen Sie mit kleineren Kindern nur die Schritte 1 bis 4 aus, später erst die Schritte 5 bis 6.

Wählen Sie Objekte, die groß, aber leicht sind, und umgekehrt.

71

GESCHENKE EINPACKEN

Kinder lieben Geschenke, und ich habe festgestellt, dass sie es auch lieben, Geschenke einzupacken. Diese Übung kombiniert verschiedene mathematische Fertigkeiten, angefangen damit, die richtige Papiergröße abzuschätzen, und reicht bis zum Zurechtschneiden des Papiers auf die richtige Größe.

Das wird gebraucht

- **Schachtel (oder andere rechteckige Gegenstände, z. B. ein Buch)**
- **3 Bögen Packpapier, Seiden- oder Krepppapier in unterschiedlicher Größe**
- **Klebeband oder Tesafilm (möglichst zum Abrollen)**
- **Schere zum Zuschneiden des Klebebands (optional)**
- **Tablett**

Los geht's

1. Legen Sie die Sachen auf das Tablett und bitten Sie Ihr Kind, es auf den Boden oder zum Tisch zu bringen.
2. Legen Sie die Schachtel in die Mitte und die 3 Bögen Papier in 1 Reihe darunter, die anderen Dinge links von Ihren Plätzen.
3. Erklären Sie Ihrem Kind, dass die Aufgabe darin besteht, die Schachtel einzupacken. Dazu soll es den Papierbogen finden, der am besten um die Schachtel passt, nicht zu groß und nicht zu klein.

4 Fordern Sie Ihr Kind auf, auszuprobieren, welches Papier am besten passt.

5 Wenn Ihr Kind den besten Bogen ausgesucht hat, zeigen Sie ihm, wie man die Schachtel in die Mitte des Papiers stellt und sie mit dem Papier, leicht überlappend, einwickelt. Erklären Sie ihm, dass man es mit Klebeband fixieren muss. Lassen Sie das jetzt Ihr Kind probieren.

6 Zeigen Sie, wie man die offenen Enden einschlägt und sie mit Klebeband fixiert. Tun Sie das auf einer Seite und leiten Sie Ihr Kind an, dasselbe auf der anderen Seite zu tun.

Lust auf mehr?

Lassen Sie unterschiedliche Dinge einpacken.

Wenn Ihr Kind das Einpacken gut beherrscht, verwenden Sie im nächsten Schritt eine Rolle Papier. Papier mit einem Raster auf der Rückseite als Schneidhilfe ist sehr hilfreich.

Zeigen Sie, wie man ein Band um ein Paket wickelt und wie man eine Schleife bindet.

Bei 3 Bögen schneiden Sie 1 passend, 1 zu klein und 1 zu groß.

Kleinere Kinder sollten nur 2 Bögen Papier zur Auswahl haben.

ARBEITSBLATT 1

Das Lautalphabet

Die Buchstaben des Alphabets nach Lauten.

Arm	Feder	Katze	Pilz	Uhu
Bus	Gabel	Lok	Qualle	Vogel
Clown	Hund	Mond	Rad	Wal
Delfin	Igel	Nase	Sofa	Xylofon
Esel	Jacke	Ofen	Tube	Yak
				Zug

ARBEITSBLATT 2

Buchstaben erkennen

Schneiden Sie die Buchstaben entlang der gestrichelten Linien aus.

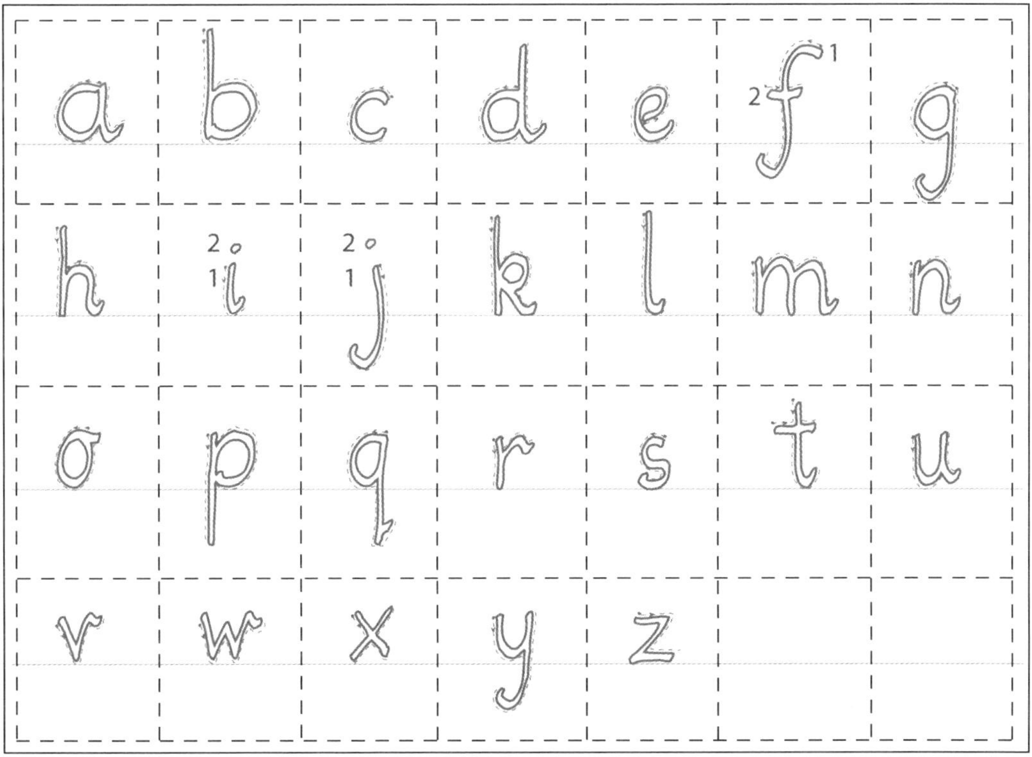

ARBEITSBLATT 3

Wörter bilden

a-Laut

Wal

Bad

e-Laut

Nest

Hexe

i-Laut

Kind

Dino

o-Laut

Box

Lok

u-Laut

Bus

Hut

Nase	Tanz	Hand	Saft

Wespe	Heft	Zelt	Segel
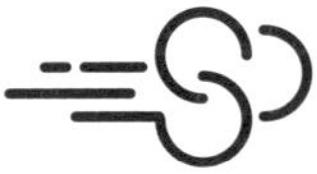			
Wind	Pilz	Kiwi	Stift

Wolke	Hose	Mond	Foto

Zug	Uhu	Tube	Musik

ARBEITSBLATT 4

Sätze konstruieren

Artikel	Adjektiv	Verb	Präposition
Der	alte	isst	auf
Die	rote	will	unter
Das	pinke	pustet	über
	feste	bastelt	neben
	gute	wartet	bei

	gelbe	malt	an
den*	bunte	hustet	
dem	flinke	denkt	
	arme	jagt	
	kalte	ruft	
	mutige	zeltet	

* »den« und »dem« sind für die bereits sehr komplexe Übung 24 nötig, die Sie nur probieren sollten, wenn Ihr Kind großen Spaß an Sprache hat und nicht überfordert ist.

ARBEITSBLATT 5

Größen und Längen lernen

Schneiden Sie die Stangen entlang der gestrichelten Linien aus.

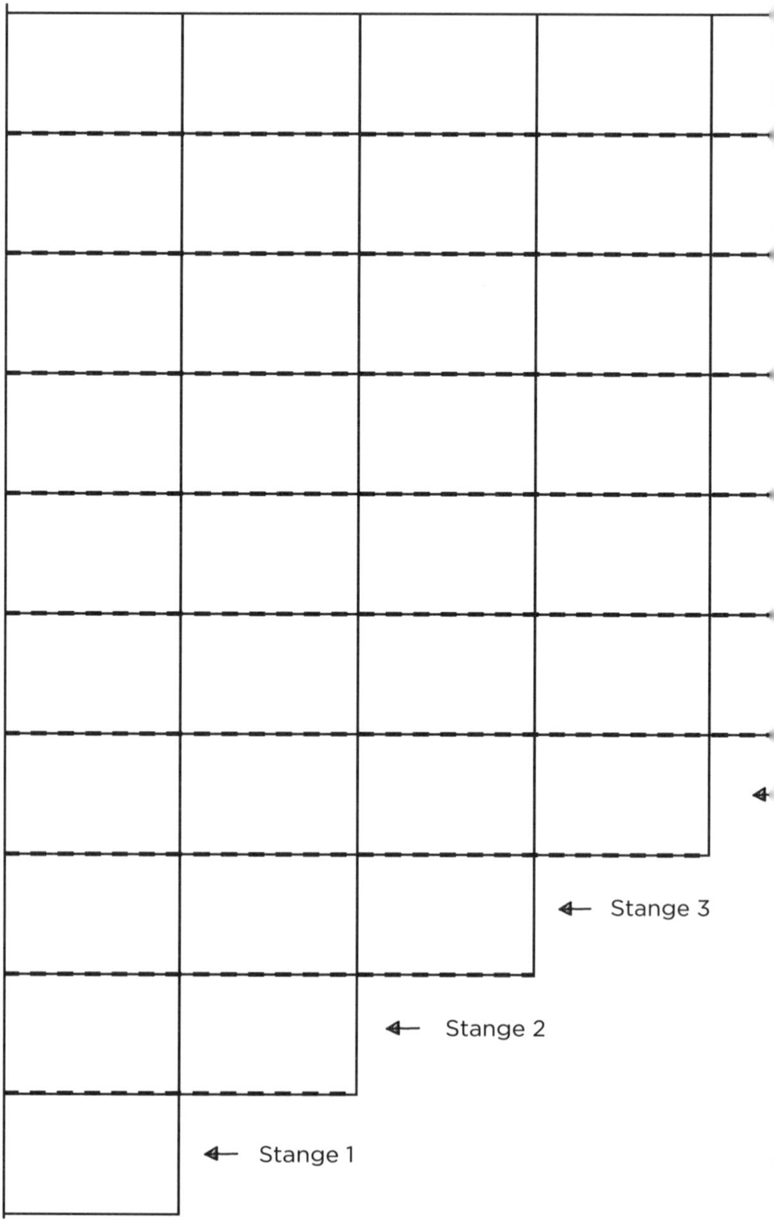

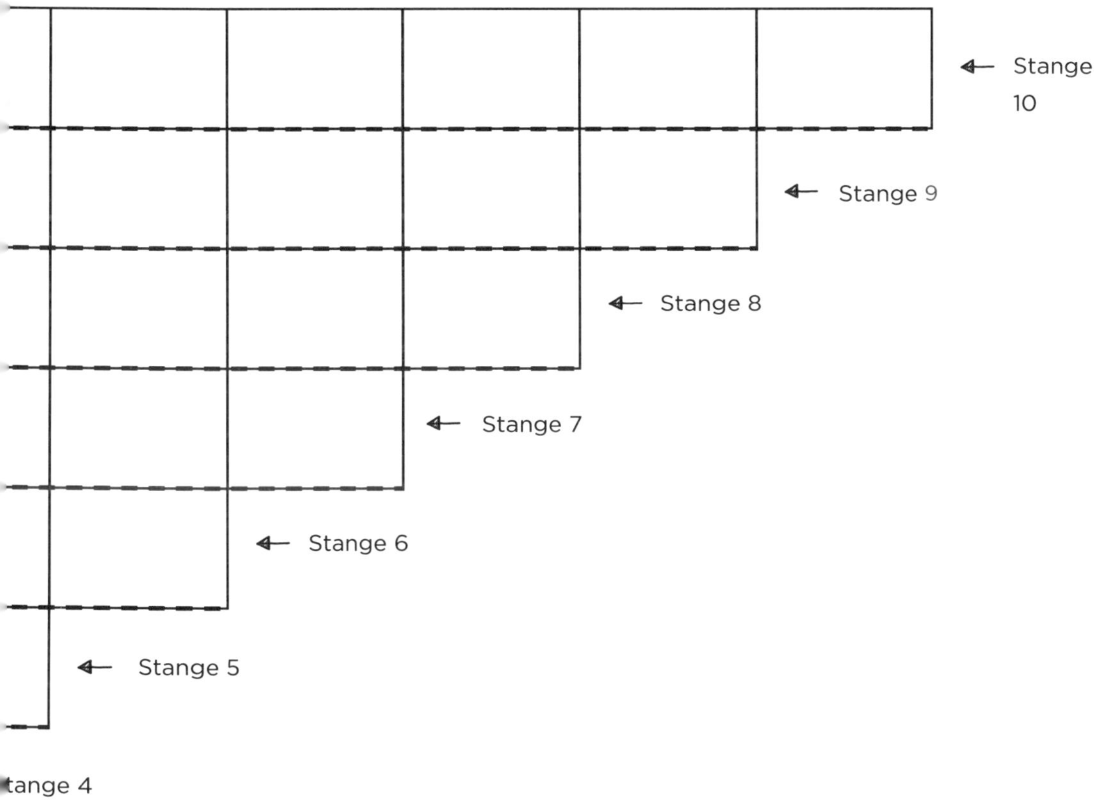
Stange 10
Stange 9
Stange 8
Stange 7
Stange 6
Stange 5
tange 4

ARBEITSBLATT 6

Geschichtenhandschuhe

Schneiden Sie die Figuren aus und erzählen Sie die Geschichte vom »Goldlöckchen und den drei Bären«.